O Caminho da Felicidade

Curso de Filosofia da Vida

Huberto Rohden

TEXTO INTEGRAL

Os Objetivos, a Filosofia e a Missão da Editora Martin Claret

O principal Objetivo da MARTIN CLARET é continuar a desenvolver uma grande e poderosa empresa editorial brasileira, para melhor servir a seus leitores.

A Filosofia de trabalho da MARTIN CLARET consiste em criar, inovar, produzir e distribuir, sinergicamente, livros da melhor qualidade editorial e gráfica, para o maior número de leitores e por um preço economicamente acessível.

A Missão da MARTIN CLARET é conscientizar e motivar as pessoas a desenvolver e utilizar o seu pleno potencial espiritual, mental, emocional e social.

A MARTIN CLARET está empenhada em contribuir para a difusão da educação e da cultura, por meio da democratização do livro, usando todos os canais ortodoxos e heterodoxos de comercialização.

A MARTIN CLARET, em sua missão empresarial, acredita na verdadeira função do livro: o livro muda as pessoas.

A MARTIN CLARET, em sua vocação educacional, deseja, por meio do livro, claretizar, otimizar e iluminar a vida das pessoas.

Revolucione-se: leia mais para ser mais!

MARTIN CLARET

COLEÇÃO A OBRA-PRIMA DE CADA AUTOR

O Caminho da Felicidade

Curso de Filosofia da Vida

Huberto Rohden

TEXTO INTEGRAL

MARTIN CLARET

CRÉDITOS

Idealização e Coordenação
Martin Claret

Capa
Ilustração
Marcellin Talbot

Miolo
Revisão
Mª de Fátima C. A. Madeira
Rosana Citino

Projeto Gráfico
José Duarte T. de Castro

Direção de Arte
José Duarte T. de Castro

Digitação
Graziella Gatti Leonardo

Editoração Eletrônica
Editora Martin Claret

Fotolitos da Capa
OESP

Papel
Off-Set, 70g/m²

Impressão e Acabamento
Paulus Gráfica

Editora Martin Claret – Rua Alegrete, 62 – Bairro Sumaré
CEP: 01254-010 – São Paulo - SP
Tel.: (0xx11) 3672-8144 – Fax: (0xx11) 3673-7146
www.martinclaret.com.br

Agradecemos a todos os nossos amigos e colaboradores — pessoas físicas e jurídicas — que deram as condições para que fosse possível a publicação deste livro.

Este livro foi composto e impresso no outono de 2005.

A história do livro e a coleção "A Obra-Prima de Cada Autor"

MARTIN CLARET

Que é o livro? Para fins estatísticos, na década de 1960, a UNESCO considerou o livro "uma publicação impressa, não periódica, que consta de no mínimo 49 páginas, sem contar as capas".

O livro é um produto industrial.

Mas também é mais do que um simples produto. O primeiro conceito que deveríamos reter é o de que o livro como objeto é o veículo, o suporte de uma informação. O livro é uma das mais revolucionárias invenções do homem.

A *Enciclopédia Abril* (1972), publicada pelo editor e empresário Victor Civita, no verbete "livro" traz concisas e importantes informações sobre a história do livro. A seguir, transcrevemos alguns tópicos desse estudo didático sobre o livro.

O livro na Antiguidade

Antes mesmo que o homem pensasse em utilizar determinados materiais para escrever (como, por exemplo, fibras vegetais e tecidos), as bibliotecas da Antiguidade estavam repletas de textos gravados em tabuinhas de barro cozido. Eram os primeiros "livros", depois progressivamente modificados até chegar a ser feitos — em grandes tiragens — em papel impresso mecanicamente, proporcionando facilidade de leitura e transporte. Com eles, tornou-se possível, em todas as épocas, transmitir fatos, acontecimentos históricos, descobertas, tratados, códigos ou apenas entretenimento.

Como sua fabricação, a função do livro sofreu enormes modificações dentro das mais diversas sociedades, a ponto de constituir uma mercadoria especial, com técnica, intenção e utilização determinadas. No moderno movimento editorial das chamadas sociedades de consumo, o livro pode ser considerado uma mercadoria cultural, com maior ou menor significado no contexto socioeconômico em que é publicado. Como mercadoria, pode ser comprado, vendido ou trocado. Isso não ocorre, porém, com sua função intrínseca, insubstituível: pode-se dizer que o livro é essencialmente um instrumento cultural de difusão de idéias, transmissão de conceitos, documentação (inclusive fotográfica e iconográfica), entretenimento ou ainda de condensação e acumulação do conhecimento. A palavra escrita venceu o tempo, e o livro conquistou o espaço. Teoricamente, toda a humanidade pode ser atingida por textos que difundem idéias que vão de Sócrates e Horácio a Sartre e McLuhan, de Adolf Hitler a Karl Marx.

Espelho da sociedade

A história do livro confunde-se, em muitos aspectos, com a história da humanidade. Sempre que escolhem frases e temas, e transmitem idéias e conceitos, os escritores estão elegendo o que consideram significativo no momento histórico e cultural que vivem. E assim, fornecem dados para a análise de sua sociedade. O conteúdo de um livro — aceito, discutido ou refutado socialmente — integra a estrutura intelectual dos grupos sociais.

Nos primeiros tempos, o escritor geralmente vivia em contato direto com seu público, que era formado por uns poucos letrados, já cientes das opiniões, idéias, imaginação e teses do autor, pela própria convivência que tinha com ele. Muitas vezes, mesmo antes de ser redigido o texto, as idéias nele contidas já haviam sido intensamente discutidas pelo escritor e parte de seus leitores. Nessa época, como em várias outras, não se pensava no enorme porcentual de analfabetos. Até o século XV, o livro servia exclusivamente a uma pequena minoria de sábios e estudiosos que constituíam os círculos intelectuais (confinados aos mosteiros no início da Idade Média) e que tinham acesso às bibliotecas, cheias de manuscritos ricamente ilustrados.

Com o reflorescimento comercial europeu em fins do século XIV, burgueses e comerciantes passaram a integrar o mercado livreiro da época. A erudição laicizou-se, e o número de escritores aumentou, surgindo também as primeiras obras escritas em línguas que não o latim e o grego (reservadas aos textos clássicos e aos assuntos considerados dignos de atenção).

Nos séculos XVI e XVII, surgiram diversas literaturas nacionais, demonstrando, além do florescimento intelectual da época, que a população letrada dos países europeus estava mais capacitada a adquirir obras escritas.

Cultura e comércio

Com o desenvolvimento do sistema de impressão de Gutenberg, a Europa conseguiu dinamizar a fabricação de livros, imprimindo, em cinqüenta anos, cerca de vinte milhões de exemplares para uma população de quase cem milhões de habitantes, a maioria analfabeta. Para a época, isso significou enorme revolução, demonstrando que a imprensa só se tornou uma realidade diante da necessidade social de ler mais.

Impressos em papel, feitos em cadernos costurados e posteriormente encapados, os livros tornaram-se empreendimento cultural e comercial: os editores passaram logo a se preocupar com melhor apresentação e redução de preços. Tudo isso levou à comercialização do livro. E os livreiros baseavam-se no gosto do público para imprimir, sobretudo, obras religiosas, novelas, coleções de anedotas, manuais técnicos e receitas.

O porcentual de leitores não cresceu na mesma proporção que a expansão demográfica mundial. Somente com as modificações socioculturais e econômicas do século XIX — quando o livro começou a ser utilizado também como meio de divulgação dessas modificações, e o conhecimento passou a significar uma conquista para o homem, que, segundo se acreditava, poderia ascender socialmente se lesse — houve um relativo aumento no número de leitores, sobretudo na França e na Inglaterra, onde alguns editores passaram a produzir, a preços baixos, obras completas de autores famosos. O livro era então interpretado como símbolo de liberdade, conseguida por conquistas culturais. Entretanto, na maioria dos países, não houve nenhuma grande modificação nos índices porcentuais até o fim da Primeira Guerra Mundial (1914/18), quando surgiram as primeiras grandes tiragens de livros, principalmente romances, novelas e textos didáticos. O número elevado de cópias, além de baratear o preço da unidade, difundiu ainda mais a literatura. Mesmo assim, a maior parte da população de muitos países continuou distanciada, em parte porque o livro, em si, tinha sido durante muitos séculos considerado objeto raro, passível de ser adquirido somente por um pequeno número de eruditos. A grande massa da população mostrou maior receptividade aos jornais, periódicos e folhetins, mais dinâmicos e atualizados, além de acessíveis ao poder aquisitivo da grande maioria.

Mas isso não chegou a ameaçar o livro como símbolo cultural de difusão de idéias, como fariam, mais tarde, o rádio, o cinema e a televisão.

O advento das técnicas eletrônicas, o aperfeiçoamento dos métodos fotográficos e a pesquisa de materiais praticamente imperecíveis fazem alguns teóricos da comunicação de massa pensar em um futuro sem os livros tradicionais, com seu formato quadrado ou retangular, composto de folhas de papel, unidas umas às outras por um dos lados.

Seu conteúdo e suas mensagens, racionais ou emocionais, seriam transmitidos por outros meios, como, por exemplo, microfilmes e fitas gravadas.

A televisão transformaria o mundo inteiro em uma grande "aldeia" (como afirmou Marshall McLuhan), no momento em que todas as sociedades decretassem sua prioridade em relação aos textos escritos.

Mas a palavra escrita dificilmente deixaria de ser considerada uma das mais importantes heranças culturais, para todos os povos.

E no decurso de toda a sua evolução, o livro sempre pôde ser visto como objeto cultural (manuseável, com forma entendida e interpretada em função de valores plásticos) e símbolo cultural (dotado de conteúdo, entendido e interpretado em função de valores semânticos). As duas maneiras podem fundir-se no pensamento coletivo, como um conjunto orgânico (em que texto e arte se completam, como, por exemplo, em um livro de arte) ou apenas como um conjunto textual (no qual a mensagem escrita vem em primeiro lugar — em um livro de matemática, por exemplo).

A mensagem (racional, prática ou emocional) de um livro é sempre intelectual e pode ser revivida a cada momento.

O conteúdo, estático em si, dinamiza-se em função da assimilação das palavras pelo leitor, que pode discuti-las, reafirmá-las, negá-las ou transformá-las. Por isso, o livro pode ser considerado um instrumento cultural capaz de liberar informação, sons, imagens, sentimentos e idéias através do tempo e do espaço.

A quantidade e a qualidade das idéias colocadas em um texto podem ser aceitas por uma sociedade, ou por ela negadas, quando entram em choque com conceitos ou normas culturalmente admitidas.

Nas sociedades modernas, em que a classe média tende a considerar o livro como sinal de *status* e cultura (erudição), os compradores utilizam-no como símbolo mesmo, desvirtuando suas funções ao transformá-lo em livro-objeto.

Mas o livro é, antes de tudo, funcional — seu conteúdo é que lhe confere valor (como os livros das ciências, de filosofia, religião, artes, história e geografia, que representam cerca de 75% dos títulos publicados anualmente em todo o mundo).

O mundo lê mais

No século XX, o consumo e a produção de livros aumentaram progressivamente. Lançado logo após a Segunda Guerra Mundial (1939/45), quando uma das características principais da edição de um livro era as capas entreteladas ou cartonadas, o livro de bolso constituiu um grande êxito comercial. As obras — sobretudo *best sellers* publicados algum tempo antes em edições de luxo — passaram a ser impressas em rotativas, como as revistas, e distribuídas às bancas de jornal. Como as tiragens elevadas permitiam preços muito baixos, essas edições de bolso popularizaram-se e ganharam importância em todo o mundo.

Até 1950, existiam somente livros de bolso destinados a pessoas de baixo poder aquisitivo; a partir de 1955, desenvolveu-se a categoria do livro de bolso "de luxo". As características principais destes últimos eram a abundância de coleções — em 1964 havia mais de duzentas nos Estados Unidos — e a variedade de títulos, endereçados a um público intelectualmente mais refinado.

A essa diversificação das categorias adiciona-se a dos pontos-de-venda, que passaram a abranger, além das bancas de jornal, farmácias, lojas, livrarias, etc. Assim, nos Estados Unidos, o número de títulos publicados em edições de bolso chegou a 35 mil em 1969, representando quase 35% do total dos títulos editados.

Proposta da coleção
"A Obra-Prima de Cada Autor"

A palavra "coleção" é uma palavra há muito tempo dicionarizada, e define o conjunto ou reunião de objetos da mesma natureza ou que têm qualquer relação entre si. Em um sentido editorial, significa o conjunto não-limitado de obras de autores diversos, publicado por uma mesma editora, sob um título geral indicativo de assunto ou área, para atendimento de segmentos definidos do mercado.

A coleção "A Obra-Prima de Cada Autor" corresponde plenamente à definição acima mencionada. Nosso principal objetivo é oferecer, em formato de bolso, a obra mais importante de cada autor, satisfazendo o leitor que procura qualidade*.

Desde os tempos mais remotos existiram coleções de livros. Em Nínive, em Pérgamo e na Anatólia existiam coleções de obras literárias de grande importância cultural. Mas nenhuma delas superou a célebre biblioteca de Alexandria, incendiada em 48 a.C. pelas legiões de Júlio César, quando estes arrasaram a cidade.

A coleção "A Obra-Prima de Cada Autor" é uma série de livros a ser composta de mais de 400 volumes, em formato de bolso, com preço altamente competitivo, e pode ser encontrada em centenas de pontos-de-venda. O critério de seleção dos títulos foi o já estabelecido pela tradição e pela crítica especializada. Em sua maioria, são obras de ficção e filosofia, embora possa haver textos sobre religião, poesia, política, psicologia e obras de auto-ajuda. Inauguram a coleção quatro textos clássicos: *Dom Casmurro*, de Machado de Assis; *O Príncipe*, de Maquiavel; *Mensagem*, de Fernando Pessoa e *O Lobo do Mar*, de Jack London.

Nossa proposta é fazer uma coleção quantitativamente aberta. A periodicidade é mensal. Editorialmente, sentimo-nos orgulhosos de poder oferecer a coleção "A Obra-Prima de Cada Autor" aos leitores brasileiros. Nós acreditamos na função do livro.

---

* Atendendo a sugestões de leitores, livreiros e professores, a partir de certo número da coleção, começamos a publicar, de alguns autores, outras obras além da sua obra-prima.

Advertência

A substituição da tradicional palavra latina *crear* pelo neologismo moderno *criar* é aceitável em nível de cultura primária, porque favorece a alfabetização e dispensa esforço mental — mas não é aceitável em nível de cultura superior, porque deturpa o pensamento.

Crear é a manifestação da Essência em forma de existência — *criar* é a transição de uma existência para outra existência.

O Poder Infinito é o *creador* do Universo — um fazendeiro é um *criador* de gado.

Entre os homens há gênios *creadores*, embora talvez não sejam *criadores*.

A conhecida lei de Lavoisier diz que "na natureza nada se *crea,* nada se aniquila, tudo se transforma", se grafarmos "nada se *crea*", essa lei está certa, mas se escrevermos "nada se *cria*", ela resulta totalmente falsa.

Por isso, preferimos a verdade e a clareza do pensamento a quaisquer convenções acadêmicas.

Conspecto geral do livro

O problema da felicidade é o problema central e máximo da humanidade.

Desde tempos antiquíssimos existem duas ideologias filosófico-espirituais sobre a felicidade humana — "essa felicidade que supomos... toda arreada de dourados pomos", diz Vicente de Carvalho, mas que "está sempre apenas onde a pomos, e nunca a pomos onde nós estamos".

Existe essa felicidade, "árvore sonhamos"?

Em que consiste?

Como alcançá-la?

Como conservá-la?

A felicidade existe, sim, não fora de nós, onde em geral a procuramos, mas dentro de nós, onde raras vezes a encontramos.

Em que consiste a felicidade?

A célebre escola filosófica de Epicuro (hedonismo) faz consistir a felicidade na posse e plenitude de bens externos; tanto mais feliz é o homem, segundo os epicureus, quanto mais possui, tem, goza.

A escola de Diógenes (cinismo) ensina que a felicidade consiste na vacuidade ou renúncia de todos os bens externos;

quanto menos o homem possui ou deseja possuir, tanto mais feliz é ele, porquanto a infelicidade consiste a) ou no medo de perder o que se possui, b) ou no desejo de possuir o que não se pode possuir; quem renuncia espontaneamente à posse de bens externos e ao próprio desejo de os possuir, ensinam os discípulos de Diógenes, é perfeitamente feliz.

Entretanto, embora haja elementos de verdade nessas filosofias, tanto Epicuro como Diógenes, e todos os seus seguidores, falharam no ponto central da questão. A felicidade não consiste nem em possuir nem em não possuir bens externos, mas sim na atitude interna que o homem crea e mantém em face da posse ou da falta desses bens. O que decide não é, em primeiro lugar, aquilo que o homem possui ou não possui, mas sim o modo como ele sabe possuir ou não possuir.

Quer dizer, o que é decisivo não é a maior ou menor quantidade objetiva *das coisas possuídas, mas a* qualidade subjetiva *do possuidor. Essa qualidade, porém, é conquista do próprio homem, e não algum presente de circunstâncias fortuitas. A felicidade do homem só pode depender de algo que dependa dele.*

É possível que a posse, ou mesmo o desejo da posse, de algum dinheiro escravize o homem — e é possível que a posse real de uma imensa fortuna não escravize o seu possuidor.

A questão central não é de ser possuidor ou não-possuidor — mas sim de ser possuído ou não-possuído por bens externos. Não há mal em possuir — todo mal está em ser possuído. *Ser livre é ser feliz — ser escravo é ser infeliz.*

A verdadeira felicidade, portanto, não pode consistir em algo que nos aconteça, mas em algo que seja creado por nós. As quantidades externas nos "acontecem" — a qualidade interna é creada por nós.

Tudo depende, pois, em última análise, da nossa atitude interna, do modo como possuímos ou não possuímos; ou, no dizer do Nazareno, depende da "pobreza pelo espírito" e da "pureza de coração", quer dizer, na liberdade e no desapego interior do homem.

Pode o possuidor ser livre daquilo que possui — e pode o não-possuidor ser escravo daquilo que não possui.

* * *

Mestre Zenão, fundador da escola estóica, já naquele tempo, vislumbrou essa grande verdade, e ensinava a seus discípulos que a felicidade consistia numa permanente serenidade interior, tanto em face do prazer como em face do desprazer, serenidade baseada na perfeita harmonia com a "lei cósmica"; que o homem perfeito e feliz devia manter uma atitude de absoluta serenidade, espécie de equilíbrio e atitude racional, em face do agradável e do desagradável da vida.

O estoicismo é, certamente, na Antiguidade, o tipo de filosofia da vida que mais se aproximou da solução do problema central da humanidade: compreendeu que a felicidade não consiste, primariamente, em ter *ou* não ter, *mas sim em* ser; *não em* plenitudes *ou* vacuidades *externas, mas numa* vitalidade interna; *não em* circunstâncias objetivas, *mas em* substância subjetiva.

O estoicismo antigo, eminentemente racional, falhou apenas num ponto: em querer banir da vida humana os elementos afetivos e emotivos, que ele considera incompatíveis com a serena racionalidade, indispensável a uma vida perenemente feliz. Entretanto, o fato é que a zona afetiva faz parte do homem completo; excluí-la da vida humana é edificar a felicidade sobre um bloco de gelo.

Uma perfeita e verdadeira filosofia da felicidade humana deve, necessariamente, ter caráter positivo e construtor, porque aqueles elementos fazem parte integrante da natureza humana, e sem essa integridade não pode haver felicidade real e permanente.

Neste ponto, o Evangelho do Cristo representa a solução definitiva.

Também a Bhagavad Gita *e o* Tao Te Ching, *essas pérolas da sabedoria oriental, fazem consistir a felicidade do homem na total permeação da sua natureza pela consciência espiritual, realizando assim o homem cósmico, o homem univérsico, o homem feliz.*

* * *

Chegamos, assim, à conclusão de que a felicidade 1) não consiste, precipuamente, em possuir ou não possuir determinadas quantidades de bens externos, embora seja necessária a posse de certo conforto material para podermos prosseguir em nossa evolução superior; 2) que a felicidade não pode ser baseada apenas em uma parte da natureza humana, mas tem de ser construída sobre a natureza humana total; 3) que deve vigorar perfeita ordem e harmonia entre todas as partes componentes da natureza humana; não podemos afirmar um elemento humano em detrimento de outro; não deve haver eliminação nem substituição, mas perfeita integração.

Veremos, na seqüência deste livro, como realizar, passo a passo, essa completa integração da natureza humana, essa auto-realização do homem integral, essa creação do "homem univérsico" — que é o homem realmente feliz.

Que é ser feliz?

Felicidade — eis o clamor de toda a creatura. Todo o resto é meio — só a felicidade é um fim.

Ninguém deseja ser feliz para algo — quer ser feliz para ser feliz.

A felicidade é a suprema auto-realização do ser.

Que é ser feliz?

Ser feliz é estar em perfeita harmonia com a constituição do Universo, consciente ou inconscientemente.

A natureza extra-hominal é inconscientemente feliz, porque está sempre, automaticamente, em harmonia com o Universo.

Aqui na terra, só o homem pode ser conscientemente feliz — e também conscientemente infeliz.

A natureza possui, por assim dizer, uma felicidade *neutra*, ou inconsciente — o homem pode possuir uma felicidade *positiva* ou uma infelicidade *negativa.* Com o homem começa a bifurcação da linha única da natureza; começa o estranho fenômeno da *liberdade* em meio à universal *necessidade.*

A natureza só conhece um *dever compulsório.*

O homem conhece um *querer espontâneo*, seja rumo ao positivo, seja rumo ao negativo.

O desejo universal é a felicidade — e, no entanto, poucos homens se dizem felizes. A imensa maioria da humanidade tem a *potencialidade* ou *possibilidade* de ser feliz — poucos têm a felicidade atualizada ou realizada. O poder-ser-feliz é uma felicidade incubada, porém não-nascida — ser-feliz é uma felicidade eclodida.

Qual a razão última por que muitos homens não são felizes, quando o poderiam ser?

Passam a vida inteira, vinte, cinqüenta, oitenta anos marcando passo no plano horizontal do seu *ego externo*, e ilusório — nunca mergulharam nas profundezas verticais do seu Eu *interno* e verdadeiro. E quando a sua infelicidade se torna insuportável, procuram atordoar, esquecer, narcotizar temporariamente esse senso e infelicidade, por meio de diversos expedientes da própria linha horizontal, onde a infelicidade nasceu. Não compreendem o seu erro de lógica e matemática: que horizontal não cura horizontal — assim como as águas de um lago não movem uma turbina colocada ao mesmo nível. Somente o vertical pode mover o horizontal — assim como somente as águas de uma cachoeira podem mover uma turbina.

Quem procura curar os males do ego pelo próprio ego comete um erro fatal de lógica ou de matemática. Não há cura de igual a igual — mas tão-somente de superior para inferior, de vertical para horizontal.

Camuflar com derivativos e escapismos a infelicidade não é solucionar o problema; é apenas o mascarar e transferir a infelicidade para outro tempo — quando a infelicidade torna a se manifestar com dobrada violência.

Remediar é remendar — não é curar, erradicar o mal.

A cura e erradicação consiste unicamente na entrada em uma nova dimensão de consciência e experiência. Não consiste em uma espécie de continuísmo — mas sim em um novo início, em uma iniciativa inédita, numa verdadeira iniciação.

Não se trata de "pôr remendo novo em roupa velha", na linguagem do Nazareno; trata-se de realizar a "nova creatura em Cristo", que é a transição da consciência do ego horizontal e ilusório para a consciência do Eu vertical e verdadeiro.

Todos os mestres da humanidade afirmam que a verdadeira

felicidade do homem, aqui na terra, consiste em "amar o próximo como a si mesmo". Ou então em "fazer aos outros o que queremos que os outros nos façam".

Existe essa possibilidade de eu amar meu semelhante assim como me amo a mim mesmo?

Em teoria, muitos o afirmam; na prática poucos o fazem.

De onde vem essa dificuldade?

Da falta de um verdadeiro *autoconhecimento.* Pouquíssimos homens têm uma visão nítida da sua genuína realidade interna; quase todos se identificam com alguma facticidade externa, com o seu ego físico, seu ego mental ou seu ego emocional. E por essa razão não conseguem realizar o *amor-alheio* igual ao *amor-próprio,* não conseguem amar o seu próximo como se amam a si mesmos. Alguns, num acesso de heróica estupidez, tentam amar o próximo em vez de amar a si mesmos, o que é flagrantemente antinatural, como também contrário a todos os mandamentos dos mestres da humanidade. Todos sabem que o amor-próprio de todo o ser vivo é a quintessência do seu ser; nenhum ser vivo pode existir por um só momento sem se amar a si mesmo; esse amor-próprio é idêntico à sua própria existência.

Amor-próprio não é necessariamente egoísmo. Egoísmo é o amor-próprio *exclusivista*, ao passo que o verdadeiro amor-próprio é *inclusivista*, inclui todos os amores-alheios no seu amor-próprio, obedecendo assim ao imperativo da natureza e à voz de todos os mestres espirituais da humanidade.

Enquanto o homem marca passo no plano horizontal do seu ego, o que pode haver em sua vida *é guerra* e *armistício* —, mas nunca haverá paz. Armistício é uma trégua entre duas guerras; é uma guerra fria do ego, que amanhã pode explodir em guerra quente. O ego ignora totalmente o que seja paz. O ego de boa vontade assina armistícios temporários, o ego de má vontade declara guerra de maior ou menor duração —, mas nem esse nem aquele sabe o que seja paz.

Em vésperas da sua morte, disse o Nazareno a seus discípulos: "Eu vos dou a paz, eu vos deixo a minha paz". E para evitar qualquer confusão entre paz e armistício, logo acrescentou: "Não dou a paz assim como o mundo a dá. Eu vos dou a paz para que minha alegria esteja em voz, seja perfeita a vossa alegria, e nunca ninguém tire de vós a vossa alegria".

Paz e alegria duradouras nada têm de ver com guerra e armistício, que são do ego, de boa ou má vontade; a paz e a alegria permanentes são unicamente as do Eu divino no homem.

E onde não houver paz e alegria permanentes não há felicidade.

Onde não há autoconhecimento, experiência da realidade divina do Eu espiritual, não há felicidade, paz, alegria. Enquanto o homem conhece apenas o seu ego físico-mental-emocional, vive ele no plano da guerra e do armistício; quando descobre o seu Eu espiritual, faz o grande tratado de paz e de alegria no templo da Verdade Libertadora.

Armistício, certamente, é melhor que guerra — mas não é paz, e por isso não garante felicidade duradoura ao homem.

Por essa razão, o homem, no plano da guerra e do armistício infelizes, procura de todos os modos se esquecer, por umas horas, por uns dias, por umas noites, de sua falta de felicidade, indo à caça desenfreada de todas as diversões; uns se narcotizam com dinheiro, negócios, comércio, indústria; com ciências e artes; outros ainda se embriagam com luxúria sexual, com álcool e outros entorpecentes; outros, os mais ricos, viajam de país em país, de mar em mar, e enquanto isso se esquecem de sua infelicidade, julgam ser felizes.

Praticam, no mundo espiritual, o mesmo charlatanismo que praticam no mundo material: reprimem os sintomas do mal, por meio de anestésicos e analgésicos e nunca chegam a erradicar a raiz do mal, que seria o autoconhecimento, e a subseqüente auto-realização, que lhes dariam saúde e paz definitivas.

* * *

Os mestres também deixaram perfeitamente claro que essa paz durável, sólida, dentro do homem e entre os homens, não é possível no plano meramente horizontal do ego para ego, mas exige imperiosamente a superação desse plano, o ingresso na ignota zona da verticalidade do Eu. Os grandes mestres, sobretudo o Cristo, não convidaram os seus discípulos apenas para passar de um ego de má vontade (vicioso) para um ego de boa vontade (virtuoso) — a mensagem central de todos os mestres tem um caráter metafísico, ontológico, cósmico; é a transição de todos e quaisquer planos horizontais-ego para a grande vertical do Eu da sabedoria, do "conhecimento da Verdade Libertadora". Quase todas as nossas teologias fazem crer que os mestres, sobretudo o divino Mestre, tenha convidado os homens apenas para que passassem da viciosidade para a virtuosidade — quando eles os convidaram para uma zona infinitamente além do vicioso e do virtuoso —, para a região suprema da sabedoria, da compreensão do seu Eu divino, que eles chamam Pai, Luz, Reino, Tesouro, Pérola Preciosa...

O ego de boa vontade é, certamente, melhor que o ego de má vontade —, mas só o Eu Sapiente está definitivamente remido de todas as suas irredenções e escravidões. Somente a Verdade, intuída e vivida, é que dá libertação real e definitiva.

A felicidade, a alegria, a paz — são os frutos da Verdade Libertadora.

Homem, conhece-te a ti mesmo!

Quando o homem comum diz "eu sou feliz", ou "eu sou infeliz" — que é que ele entende com essa palavrinha "eu"?

A imensa maioria dos homens entende com esse "eu" a sua personalidade física, material, isto é, o corpo, ou alguma parte do corpo. "Eu estou com dor de cabeça." "Ele morreu." Um determinado sentimento de bem-estar do corpo é, por eles, chamado "felicidade", assim como um certo mal-estar físico é apelidado de "infelicidade". Ora, esse sentir físico está, de preferência, nos nervos, que são os receptores e veículos de nossas sensações físicas. Quer dizer que o homem comum, quando fala de felicidade ou infelicidade, faz referências a um determinado estado vibratório de seus nervos. Se esse estado vibratório dos nervos lhe confere uma sensação agradável, ele se julga feliz; do contrário, tem-se por infeliz.

Ora, esse estado vibratório dos nervos nem sempre depende da vontade do homem; depende, em geral, de fatores meramente externos, acidentais, alheios ao seu querer ou não-querer, quais sejam a temperatura, o clima, a alimentação, acidentes fortuitos, eventos imprevistos, a sorte grande, morte na família, etc. Todo homem que, por exemplo, diz "eu estou doente" identifica o seu "eu" com o seu corpo, e sobre esse erro fundamental procura erguer o edifício da sua felicidade.

É o que, no Evangelho, chama-se "edificar sobre areia". Mas um edifício construído sobre areia vã não resistirá ao embate de enchentes e vendavais.

Também a humanidade nos pode fazer sofrer ou gozar. Mas nem as circunstâncias da natureza nem da humanidade podem nos tornar felizes ou infelizes. Felicidade ou infelicidade vem da nossa substância própria, e não de circunstâncias alheias. "Eu sou o senhor de meu destino — eu sou o comandante de minha vida..."

Com esse critério inadequado, é claro, a felicidade ou infelicidade é algo que não depende do homem. Nesse caso, o homem não é "sujeito", autor, de sua felicidade ou do contrário, mas tão-somente "objeto" ou vítima. Circunstâncias externas, fortuitas, incontroláveis, torná-lo-iam feliz ou infeliz. Isso quer dizer que esse homem seria um simples joguete passivo dos caprichos do ambiente. Não poderia afirmar: *I am the captain of my soul* (eu sou o comandante de minha alma); porquanto não seria ele que marca o roteiro da barquinha de sua vida, que estaria inteiramente à mercê dos ventos e das correntezas alheias ao seu querer ou não-querer. Como poderia ser solidamente feliz o homem que faz depender a sua felicidade de algo que não depende dele?

* * *

Outras pessoas há que identificam o seu "eu" com a sua parte mental ou emocional. Dizem, por exemplo: "eu estou triste", "eu estou alegre", "eu sou inteligente". Isso quer dizer que confundem o seu verdadeiro "Eu" com a sua personalidade mental-emocional. Ora, como essa zona está incessantemente à mercê das influências da sociedade humana que nos cerca, segue-se que a felicidade ou infelicidade baseada nesse alicerce problemático depende do ambiente social, isto é, da boa ou má opinião que outros homens têm de nós; enxergamo-nos tão- somente no reflexo da opinião pública. Se outros dizem que somos inteligentes, bons, belos, simpáticos, sentimo-nos felizes —, mas, se disserem o contrário, sentimo-nos infelizes. Isso quer dizer que, nesse caso, somos uma espécie de fantoches ou bonecos de engonço que reagem automaticamente ao impulso recebido pelos cordéis invisíveis, manipulados por algum terceiro, oculto por detrás do cenário de nossa vida. Esses fantoches humanos vibram com intensa felicidade quando, por exemplo, um jornal os cumula de louvores e apoteoses, embora totalmente gratuitos e quiçá mentirosos —, mas sentem-se profundamente infelizes, talvez desesperados, quando alguém diz o contrário.

São escravos de fatores alheios à sua vontade — escravos que ignoram a sua própria escravidão! E como poderia um escravo ser feliz?

Em resumo: tanto os da primeira classe — os escravos do *ambiente físico* — como os da segunda classe — os escravos do *ambiente social* — fazem depender a sua felicidade de algo que não depende deles. É, pois, evidente que não podem ser realmente felizes, porquanto a verdadeira felicidade não é uma "quantidade externa", um objeto que o homem pode receber, mas uma "qualidade interna", um estado do sujeito, que o homem crea dentro de si. A felicidade só pode consistir em algo que dependa de mim, algo que eu possa crear, independentemente de circunstâncias externas, físicas ou sociais. "O que vem de fora não torna o homem puro nem impuro — só o que vem de dentro do homem é que o torna puro ou impuro" (Jesus).

* * *

Alguns séculos antes de Cristo, vivia em Atenas o grande filósofo Sócrates. A sua filosofia não era uma teoria especulativa, mas a própria vida que ele vivia. Aos setenta e tantos anos foi Sócrates condenado à morte, embora inocente. Enquanto aguardava no cárcere o dia da execução, seus amigos e discípulos moviam céus e terra para o preservar da morte. O filósofo, porém, não moveu um dedo para esse fim; com perfeita tranqüilidade e paz de espírito aguardou o dia em que ia beber o veneno mortífero. Na véspera da execução, conseguiram seus amigos subornar o carcereiro, que abriu a porta da prisão. Críton, o mais ardente dos discípulos de Sócrates, entrou na cadeia e disse ao mestre:

— Foge depressa, Sócrates!

— Fugir, por quê? — perguntou o preso.

— Ora, não sabes que amanhã te vão matar?

— Matar-me? A mim? Ninguém me pode matar!

— Sim, amanhã terás de beber a taça de cicuta mortal — insistiu Críton. — Vamos, mestre, foge depressa para escapares à morte!

— Meu caro amigo Críton — respondeu o condenado —, que mau filósofo és tu! Pensar que um pouco de veneno possa dar cabo de mim...

Depois, puxando com os dedos a pele da mão, Sócrates perguntou:

— Críton, achas que isto aqui é Sócrates? — e, batendo com o punho no osso do crânio, acrescentou: — Achas que isto aqui é Sócrates?... Pois é isto que eles vão matar, este invólucro material; mas não a mim. Eu sou a minha alma. Ninguém pode matar Sócrates!...

E ficou sentado na cadeia aberta, enquanto Críton se retirava, chorando, sem compreender o que ele considerava teimosia ou estranho idealismo do mestre. No dia seguinte, quando o sentenciado já bebera o veneno mortal e seu corpo ia perdendo aos poucos a sensibilidade, Críton perguntou-lhe, entre soluços: Sócrates, onde queres que te enterremos? — Ao que o filósofo, semiconsciente, murmurou: — Já te disse, amigo, ninguém pode enterrar Sócrates... Quanto a esse meu invólucro, enterrai-o onde quiserdes. Não sou eu... Eu sou a minha alma...

E assim expirou esse homem que tinha descoberto o segredo da felicidade, que nem a morte lhe pôde roubar. Conhecia-se a si mesmo, o seu verdadeiro Eu divino, eterno, imortal.

Foge da tua "felicidade" — e serás feliz!

Com este capítulo, atingimos um dos segredos centrais da verdadeira felicidade, por mais paradoxal que pareça o título acima. Ninguém pode ser íntima e solidamente feliz se não sacrificar a sua "felicidade" pela felicidade dos outros. Ninguém pode ser realmente feliz enquanto não se perder em algo maior do que ele mesmo.

Quem gira 24 horas por dia, 365 dias por ano, ao redor de si mesmo, do seu pequenino ego humano, dos seus pequenos prazeres e das suas mágoas pessoais, será necessariamente infeliz. Para ser profundamente feliz é indispensável abandonar de vez a trajetória do seu ego e lançar-se à vastidão do Infinito, permitindo ser invadido por Deus. E como passo preliminar para essa mística divina, entusiasmar-se por alguma obra de ética humana, trocar o seu pequeno eu pessoal pelo grande nós universal.

Existe uma lei eterna que proíbe o homem de girar ao redor de si mesmo, sob pena de atrofia psíquica e espiritual, sob pena de ficar internamente doente e infeliz. A Constituição Cósmica exige que todo homem, para ser feliz, gire em torno da felicidade dos outros, ou, na frase lapidar do mais feliz dos homens que a história conhece, que "ame a Deus sobre todas as coisas, e seu próximo como a si mesmo", que "perca a sua vida — para ganhá-la".

Julgam os ignorantes e inexperientes que esse preceito evangélico, reflexo da sabedoria dos séculos, represente algum idealismo aéreo e impraticável; mas os experientes sabem que ele é sumamente realista, pois encerra o elixir da verdadeira felicidade. Quem nunca aplicou essa receita não sabe da sua eficiência; mas todos os que a aplicaram sabem que ela é 100% eficiente. Nunca ninguém se arrependeu de ter sido altruísta, porém milhares e milhões se arrependem de ter sido egoístas. Se um egoísta pudesse ser realmente feliz, estaria ab-rogada a Constituição do Universo, e o caos teria suplantado o cosmos. Ninguém pode ser feliz *contra* o Universo, mas tão-somente *com* o Universo — a lei básica do Universo, porém, é amor.

"Quem quiser ganhar a sua vida, perdê-la-á; mas quem perder a sua vida por minha causa (do Cristo, que é o amor), ganhá-la-á."

Milhares de pessoas só encontraram a sua felicidade no dia em que, esquecidas das suas próprias misérias, se condoeram das misérias alheias.

Legiões de infelizes descobriram a felicidade no momento em que, deixando de gravitar em torno do seu pequeno ego, foram levar a algum doente uma palavra de consolo, um auxílio material, um buquê de flores para lhe amenizar a solidão e a monotonia.

O ignorante procura a felicidade em querer receber — e não a encontra, porque isso é egoísmo; o sapiente, porém, encontra no dar a felicidade que não buscava; porquanto "há mais felicidade em dar do que em receber".

Quem só quer receber confessa que é pobre, indigente, miserável — mas quem quer dar, sempre dar, dar o que tem e dar o que é — esse prova que é rico, fonte de inesgotável riqueza.

No plano das quantidades, é verdade, quem dá empobrece, e quem recebe enriquece; mas, no plano da qualidade, quem quer receber empobrece, e quem dá enriquece.

O mestre que dá as suas idéias a seus discípulos não perde essas idéias; pelo contrário, quanto mais as dá mais firmemente as possui e mais aumenta o seu cabedal de idéias, dando-as aos outros.

O homem que dá o seu amor a seus semelhantes não perde esse amor, mas tanto mais firmemente o possui quanto mais profusamente o distribui a seus semelhantes. Quem se recusa a dar seu amor aos outros perde-o — se é que o possuía! — porque, nesse mundo superior, *dar* é possuir tanto mais quanto mais se dá, ao passo que *não querer dar* é perder aquilo que se possui, ou julgava possuir.

* * *

Objetará alguém que também isso é egoísmo: querer enriquecer a alma pelo fato de dar aos outros.

Não é exato. Não é egoísmo. O verdadeiro altruísta não dá *para* receber algo em troca, da parte de seus semelhantes; se esperasse retribuição, mesmo que fosse em forma de gratidão e reconhecimento, seria egoísta. Que é que acontece? O altruísta não espera nada por seus benefícios, nem mesmo gratidão (embora o beneficiado tenha a obrigação moral de ser grato!).

Entretanto, segundo os imutáveis dispositivos da Constituição Cósmica, ou Providência de Deus, é inevitável que o homem desinteressadamente bom seja enriquecido por Deus — por Deus, e não pelos homens! A distribuição dos benefícios que o altruísta faz é, por assim dizer, realizada na *horizontal.*

Já o enriquecimento lhe vem na *vertical.* Distribui ao redor de si, a seus irmãos, mas recebe das alturas, de Deus — nem pode evitar esse enriquecimento de cima, uma vez que ninguém pode modificar, mesmo que quisesse, a eterna lei cósmica, que enriquece infalivelmente a todo homem desinteressadamente bom.

Esse enriquecimento, sem dúvida, é, em primeiro lugar, interno. Mas acontece que, não raro, esse enriquecimento interno vem transbordar também em prosperidade externa, devida à íntima relação entre alma e corpo. "Procurai primeiro o reino de Deus e sua justiça" — disse o Mestre — "e todas as outras coisas vos serão dadas de acréscimo." Ser espiritualmente bom a fim de ser materialmente próspero seria erro funesto. Em caso algum pode o espiritual servir de meio para todo o material. O homem realmente espiritual é *incondicionalmente bom*, pratica o bem única e exclusivamente por causa do bem, sejam quais forem as conseqüências externas dessa sua invariável atitude interna. "O reino de Deus e sua justiça" é a única coisa que o homem deve buscar diretamente, ao passo que "as outras coisas lhe serão dadas de acréscimo" lhe advirão espontaneamente, sem que o homem as procure.

Desde que o homem especule mercenariamente para receber qualquer benefício externo pelo fato de ser bom, já está num trilho falso, pois degrada as coisas espirituais, é escravas das coisas materiais — e não pode ser feliz. O espiritual deve ser buscado incondicionalmente, sem segundas intenções —, e Deus se encarregará do resto.

A felicidade pessoal não é, pois, algo que o homem deva buscar como prêmio para a sua espiritualidade, nem mesmo como uma espécie de "céu" fora dele — essa felicidade lhe será dada como um presente inevitável, como uma graça, como um dom divino — suposto que ele seja incondicionalmente bom.

É claro que essa atitude interna de completo desinteresse exige grande pureza de coração, e é por isso mesmo que o Nazareno proclama "bem-aventurados os puros de coração, porque eles verão a Deus".

"Pureza de coração" é isenção de egoísmo.

É imensamente difícil, para o homem profano, ser integralmente honesto consigo mesmo, não camuflar intenções, não criar cortinas de fumaça para se iludir egoisticamente sobre os verdadeiros motivos dos seus atos. Um homem que, digamos, durante dez ou vinte anos, praticou vida espiritual, mas não conseguiu prosperidade material, e se queixa desse "fracasso", descrendo da justiça das leis eternas que regem o universo e a vida humana, esse homem não é realmente espiritual, nutre um secreto espírito mercenário, esperando receber algo material por sua espiritualidade; não busca sinceramente o reino de Deus e sua justiça, e, por isso mesmo, não lhe são dadas de acréscimo as outras coisas.

Só um homem que possa dizer com Jó, depois de perder tudo, "O Senhor o deu, o Senhor o tirou — seja bendito o nome do Senhor!"; ou que compreenda praticamente as palavras de Jesus. "Quando tiverdes feito tudo que devíeis fazer, dizei: Somos servos inúteis; cumprimos apenas a nossa obrigação, nenhuma recompensa merecemos por isso" — só esse homem é realmente espiritual e descobrirá o segredo da verdadeira felicidade.

A felicidade, como se vê, tem de ser conquistada a preço da mais absoluta pureza de coração — e porque são tão poucos os que conseguem essa pureza sem jaça, por isso são tão poucos os homens realmente felizes.

"Estreito é o caminho e apertada é a porta que conduz ao reino dos céus!"...

O altruísmo de que falamos é um meio para o homem fechar as portas ao seu egoísmo pessoal e abrir a porta à invasão do seu grande Eu espiritual. Quem quer auto-realizar-se em sua alma, deve substituir o seu egoísmo pelo altruísmo. O ego só se encontra com Deus *via* tu.

Pensa positivamente!

O diretor de uma grande empresa comercial de Nova York costumava reunir todos os anos os seus numerosos agentes, espalhados por todo o país, para uma espécie de orientação e balanço.

Certa vez, em tempo de grande crise econômica, todos os agentes voltaram pessimistas e desanimados, e os seus relatórios só refletiam derrotismo. O diretor escutou em silêncio as lamúrias de cada um dos seus auxiliares. Depois, levantou-se e em silêncio suspendeu na parede um grande cartaz branco com um pequeno ponto preto no centro. E perguntou a um dos agentes:

— Que é que está vendo?

— Um ponto preto — respondeu o interrogado.

— E você? — perguntou ao outro.

— Um ponto preto num papel branco.

— E você?

— O mesmo.

— E você?

— Um ponto preto.

— E você?

— Um ponto preto num cartaz branco.

— Mas, será possível — exclamou o diretor — que vocês

todos enxerguem apenas um ponto preto, ou então um ponto preto em papel branco? Será que ninguém enxerga um enorme cartaz branco com um pequenino ponto preto? quando o branco é mil vezes maior que o preto?...

E fez ver a seus auxiliares que, apesar das inegáveis dificuldades que haviam encontrado em suas viagens, também haviam, por outro lado, feito experiências muito positivas, abrindo novos mercados, entrando em contato direto com novas zonas de fregueses, colhendo preciosas experiências em tempo de crise aguda, etc.

Fez-lhes ver que *pensar positivamente*, no meio das negatividades, é essencial para melhorar a situação, pois o pensamento é uma força criadora quando positivamente orientado, e uma força destruidora quando orientado negativamente.

* * *

Lemos na vida do grande inventor Thomas Alva Edison que esse homem fez nada menos de 700 experimentos infrutíferos, durante longos anos, para criar uma lâmpada de filamentos incandescentes, como as que hoje em dia usamos. Finalmente, um dos seus auxiliares, desanimado com tantos fracassos, sugeriu a Edison que desistisse de futuras tentativas, já que, depois de 700 tentativas, não havia avançado um só passo.

"O quê?", exclamou o genial inventor, "não avançamos um passo? Avançamos 700 passos rumo ao êxito final! Sabemos de 700 coisas que não deram certo! Estamos para além de 700 ilusões que mantínhamos anos atrás e que hoje não nos iludem mais. E a isso você chama perda de tempo?

Esse homem estava habituado a pensar *positivamente* — segredo dos seus estupendos triunfos.

32

* * *

A plantinha delicada da felicidade não medra senão nesse clima do *pensamento positivo.*

Que diríamos de um homem que se recusasse a gozar dos benefícios da luz solar por saber que existem no globo solar enormes manchas escuras? Ou que definisse o sol como grandes manchas tenebrosas rodeadas de luz?

Em linguagem evangélica, essa filosofia negativista "chama-se enxergar o argueiro no olho do irmão — e não enxergar a trave no próprio olho", quer dizer, ver sobretudo no próximo as faltas, embora pequeninas, e não perceber as suas próprias faltas, por enormes que sejam.

Há uma terapêutica para estabelecer perfeita paz e felicidade na alma, e uma imperturbável harmonia na sociedade humana; consiste na observância do seguinte conselho: Homem, habitua-te a atribuir sempre ao próximo as virtudes que descobres em ti! — e a atribuir a ti mesmo as faltas que encontras no próximo!

O remédio é de efeito infalível — embora seja amargo como losna.

* * *

Pensar positivamente apresenta outro aspecto ainda: não focalizar, mediante lembrança assídua e atenção concentrada, os males reais da vida; ignorá-los o mais possível; não falar deles se não for absolutamente necessário. A revista americana *Reader's Digest* (em vernáculo, *Seleções*) provou, ultimamente, que a mania de fazer psicanálise a torto e a direito criou uma verdadeira legião de doentes psíquicos, em razão do fato de concentrarem a atenção em males imaginários ou semi-imaginários, tornando-os reais por essa mesma focalização constante.

Quem vive a pensar e falar em doenças acabará por ficar doente.

Quem tem um princípio de resfriado e admite firmemente o fato, aceitando ainda por cima a confirmação da parte de amigos solícitos e condolentes, pode ter a certeza de que estará amanhã muito pior do que hoje — mas, se tiver o bom senso de desviar a atenção do seu pequeno resfriado, subtrai ao vírus o solo de que se alimentava, obrigando-o a morrer em um dia, graças a essa "injeção mental".

Da mesma forma, quem vive a pensar e falar nas faltas e fraquezas do próximo, prepara o terreno para ele mesmo cometer o que censura nos outros, além de facilitar a continuação dessas fraquezas nos outros.

Quem vive a lamentar covardemente o mal que fez, em vez de praticar corajosamente o bem que pode fazer, aduba o terreno para males cada vez maiores. Não se acaba com as trevas vociferando contra elas — mas sim acendendo silenciosamente uma luz no meio delas.

"O homem é aquilo que ele pensa", diz a sabedoria da Sagrada Escritura. Quer dizer que o homem se tornará, aos poucos, no plano físico, aquilo que ele é no plano psíquico e mental dos seus pensamentos habituais. Todo o mundo físico é uma projeção do espírito creador. O mundo é um pensamento de Deus cristalizado em matéria. Se Deus não pensasse os mundos, os mundos não existiriam; e só continuam a existir enquanto são creadoramente pensados.

Da mesma forma, todo pensamento humano é creador — ou então destruidor, conforme as suas vibrações positivas ou negativas.

Não há no mundo força maior que o pensamento — para o bem ou para o mal.

Pode um pensamento positivo sanar o mais infecto dos pantanais — e pode um pensamento negativo envenenar o mais belo dos jardins!

Por isso, deve o homem vigiar solicitamente os seus pensamentos, para que a sua repetição habitual não acabe por crear na alma uma atitude indesejável, que lhe dificulte a felicidade.

Pensamentos positivos são: amor, benevolência, simpatia, serenidade, coragem, iniciativa, fé, esperança, otimismo, espírito de amizade e conciliação, etc.

Pensamentos negativos são: ódio, medo, rancor, ressentimento, maledicência, desânimo, pessimismo, covardia, desconfiança, etc.

O ignorante pretende fazer mal aos outros — mas a pior vítima é ele mesmo, porque todo mal, antes de atingir o objeto externo, já feriu o sujeito interno. O mal que os outros me fazem não me faz mal, porque não me faz mau — mas o mal que eu faço aos outros, este sim me faz mal, porque me faz mau. Ninguém pode fazer mal aos outros sem ser mau ele mesmo. Quem é objeto de um mal sofre apenas na sua *quantidade* externa — mas quem faz mal degrada a sua *qualidade* interna.

Ser positivo, pensar e sentir positivamente, é preparar o terreno para a verdadeira felicidade — ou melhor, essa mesma atitude positiva é que é a felicidade.

Não basta arrepender-se — é necessário converter-se. A palavra grega que o Evangelho usa para "conversão" é *metánoia,* que quer dizer literalmente "transmentalização". Alguns tradutores traduzem o termo por "arrependimento", outros, ainda pior, por "fazer penitência". A única tradução exata é transmentalizar-se ou converter-se, isto é, ultrapassar a sua mente ego e entrar no seu espírito Eu. Judas se arrependeu, mas não se converteu, e por isso se suicidou. Arrepender-se é detestar o mal que se fez; converter-se é detestar o mal e fazer o bem.

35

Deixa que o outro seja o que é!

Fonte abundantíssima de infelicidade brota da mania que muitas pessoas têm de querer "converter" outros — não para Deus, mas para seu próprio ego. Isso acontece sobretudo entre casados. A mulher quer obrigar o marido a pensar como ela — e ele, por seu turno, faz a mesma tentativa. E assim andam os dois num eterno círculo vicioso, que se chama discórdia, infelicidade.

É que cada um de nós vive na ilusão tradicional, inspirada por nosso inveterado egoísmo, de que a nossa opinião é a mais perfeita, talvez a única verdadeira e capaz de salvar a humanidade; se todos os outros pensassem e agissem como nós, a humanidade seria definitivamente feliz... E por isso tentamos impor e impingir as nossas idéias e caprichos aos outros, sobretudo às pessoas que conosco vivem sob o mesmo teto.

Uma das nossas revistas ilustradas pediu a seus leitores que definissem o sentido de certas palavras da gíria popular, entre elas o termo "boboca". Uma leitora definiu essa palavra do modo seguinte: "Boboca é toda a pessoa que não pensa como eu". É essa a opinião de todo o egoísta incorrigível: quem não pensa como eu é boboca.

Mulher, deixa teu marido tão selvagem como o encontraste da primeira vez! Não procures domesticá-lo! Não tentes amansá-lo, modificá-lo, reduzi-lo a um fantoche que obedeça automaticamente ao impulso dos cordéis dos teus caprichos femininos e das tuas predileções pessoais! O homem é selvagem por natureza, e selvagem ficará para sempre... Também, que coisa monótona seria se teu marido fosse um boneco de engonço, uma dócil marionete que sempre dissesse "sim" quando tu dizes "sim", e dissesse "não" quando tu dizes "não"?... Se tal coisa conseguisses do teu companheiro de vida, estou certo de que amanhã terias saudades dos tempos felizes, multiformes e multicores, em que ele era ainda "ele mesmo", aquele "ele" autêntico, não-falsificado, não-domesticado, fascinantemente selvagem, e não insipidamente monotonizado como o fizeste...

Homem! por que queres reduzir a tua Eva a um punhado de argila amorfa, a ser manipulada por ti segundo os teus gostos e caprichos masculinos? Não vês que é muito mais interessante que ela continue a ser o que é, sempre foi e sempre será? Quando a encontraste, moça independente e original, naquele baile, naquele piquenique, naquela viagem — lembras-te? — ela era uma florzinha natural que florescia feliz à beira do caminho, um tanto empoeirada, talvez, mas autêntica e genuinamente "ela mesma". Deixa que ela, sob o seu teto, continue tão original e única como a encontraste, na alvorada primaveril do teu amor. Não faças da tua poética florzinha natural uma prosaica flor artificial de papel! Embora essa flor de papel tivesse exatamente a forma e a cor que lhe queres impingir, ela deixaria de ser aquela que encontraste naquele dia feliz; seria obra tua, feita à tua imagem e semelhança, mas não já "ela mesma". É melhor a mais humilde florzinha natural e viva do que a mais deslumbrante flor artificial de papel inerte.

Mas, exclamará o leitor, a leitora, se ele continuar "selvagem" como foi, se ela continuar "original" como naquele tempo — poderá haver paz e harmonia em nosso lar? Como poderão concordar entre si dois elementos tão heterogêneos, como o autor parece estar advogando?

É precisamente aqui que está o grande erro!

Harmonia não é *caos* — mas também não é *monotonia.* Harmonia supõe diversidade de gênios e gostos. Essa diversidade tem de continuar a existir. Ninguém deve deixar de ser o que é. Extinguir o modo individual e característico de pensar e sentir dele ou dela seria o mesmo que decretar a mais insípida monotonia, criar um clichê ou chavão, que ninguém suportaria por muito tempo.

Entretanto, manter essa diversidade não quer dizer viver em conflitos e discórdias. Não aceitar as opiniões da outra parte, discordar sempre, contradizer em tudo, rejeitar qualquer sugestão, seria reduzir a sociedade conjugal a um caos e um inferno.

Todo o segredo da harmonia — eqüidistante da monotonia e do caos — está na *integração,* em saber adaptar o seu próprio caráter e gênio ao caráter e gênio do outro, fazer de si um complemento do outro. *Integrar* não quer dizer *identificar,* como não quer dizer *destruir*; é completar.

Há no organismo humano enorme variedade de células, servindo cada grupo a uma função peculiar. O grupo A é diferente do grupo B, que é diferente do grupo C. Se A fosse idêntico a B, e B a C, não seria possível o funcionamento orgânico do corpo. Se A guerreasse com B, e B com C, não seria possível a vida orgânica. Mas como o segredo do organismo não está na identificação dos elementos vários, nem na sua destruição ou conflito mútuo, mas sim numa completa integração de cada grupo no Todo e na colaboração dos diversos grupos entre si, resulta esse maravilhoso equilíbrio rítmico que é a vida e o bem-estar do organismo.

Toda a natureza se baseia no princípio da *bipolaridade complementar*: nada é igual e nada é contrário — tudo é complementar. O pólo positivo da eletricidade não é o contrário do negativo, mas lhe é complementar. Se um fosse o contrário, os pólos se destruiriam reciprocamente, e não teríamos luz, calor e força, que são a complementaridade dos pólos. No átomo, o pólo positivo próton não é contrário ao pólo negativo elétron, mas é complementar.

Se o masculino fosse o contrário do feminino, teríamos total destruição; se fossem idênticos, não teríamos vida em série, mas estagnação e nulidade.

Imagine-se que todas as flores da natureza tivessem a mesma forma e cor! Que todas fossem rosas, ou lírios, ou cravos! Que insuportável monotonia seria essa!

Unidade na variedade, e variedade com unidade — é essa a característica da natureza, é esse o segredo da harmonia, beleza e felicidade.

Deixa, pois, mulher, de querer converter teu marido para os teus gostos pessoais! Acrescenta os gostos dele aos teus! Enriquece-te com o que ele tem de bom e positivo, e verás que a tua vida fica mais bela e abundante do que se eliminasses tudo o que é dele e só ficasses com o que é teu.

Desiste, ó homem, de querer uniformizar tua companheira com tuas opiniões! Permite-lhe que seja o que é e deve ser, e acrescenta às tuas as boas qualidades dela!

Quanto aos aspectos negativos de cada um, os defeitos e deficiências, convém recordar aquilo que o grande Mestre disse do "argueiro no olho do próximo e a trave no olho próprio". Neste setor, como já lembramos, há uma técnica maravilhosa que nunca falha, e consiste no seguinte: Atribui a teu próximo as virtudes que descobres em ti — e atribui a ti as faltas que descobres no próximo. Pode ser que essa técnica falhe de vez em quando; mas o fato é que pelo menos em 90% dos casos dá certo.

O egoísmo é duro, inflexível, quebradiço como vidro.

O altruísmo, o amor, é resistente, mas flexível e adaptável como mola de aço.

Deus não creou mercadorias em série. Todas as obras de Deus são originais, inéditas. Não há cópias e repetições na natureza; cada planta, cada inseto, cada animal, cada ave, até cada flor e cada folha é uma obra de arte original, que nunca será repetida da mesma forma.

Sobretudo, cada ser humano é único no seu modo de ser. Por isso, ninguém deve exigir de A que seja como B. Deus não creou *gente*. Deus creou *indivíduos*, personalidades, diferenciadas umas das outras. Não vamos, pois, nivelar o que Deus diferenciou. Uma sociedade que constasse de *gente amorfa*, e não de *indivíduos multiformes e multicores*, seria monótona e intolerável. Mas cada um desses indivíduos, em vez de ser individualista e separatista, deve cooperar com os outros indivíduos, a fim de formar o maravilhoso mosaico ou esplêndido organismo da vida abundante.

* * *

Entretanto, tudo o quanto aqui vai exposto não passa de uma ligeira indigitação, teórica e vaga; se o leitor quer saber mesmo como é na realidade, terá de praticar durante algum tempo o que acabamos de dizer; porque, em última análise, saber não quer dizer ter lido ou ouvido; saber é viver, experimentar, saborear.

Quem vive aquilo que acabamos de expor saberá que é verdade, e nunca se arrependerá dessa vivência.

Onde há boa vontade, aí há um caminho aberto.

A vontade sincera e sadia de *querer servir*, em vez da mania mórbida de *querer ser servido*, é a chave da compreensão e da felicidade.

As almas mesquinhas querem ser servidas — as almas grandes querem servir...

Não pares a meio caminho!

Os que estudaram o primeiro capítulo, sobre os erros fundamentais do homem comum quanto à noção do seu "eu", terão perguntado a si mesmos: por que é que a maioria do gênero humano ignora o seu verdadeiro "eu"? Por que é que a quase totalidade dos homens considera o seu ego-fisico-mental como a essência da sua individualidade? Não sugere essa confusão geral a idéia de que o homem não foi creado para conhecer a verdade, sobretudo a importantíssima verdade sobre a íntima natureza do seu ser?

Respondemos o seguinte: O homem de hoje é ainda um ser incompleto, provisório, em plena jornada evolutiva, longe do seu destino final. Milênios atrás, era o homem ainda muito menos evoluído do que hoje — daqui a milênios, possuirá ele, se quiser, grau muito superior de conhecimento sobre a sua verdadeira natureza. Até hoje, só apareceu sobre a face da terra um único homem plenamente desenvolvido, física, mental e espiritualmente; e esse "filho do homem" nos disse: "Vós fareis as mesmas obras que eu faço, e as fareis até maiores". O que nesse homem estava plenamente desenvolvido acha-se, no comum dos homens, ainda em estado embrionário, latente, meramente potencial.

O homem compõe-se dos elementos *material* (corpo),

mental (intelecto) e *racional* ou *espiritual* (alma); e, como toda evolução procede de fora para dentro, da periferia para o centro, da quantidade para a qualidade, era natural que o homem descobrisse, em primeiro lugar, o elemento material do seu ser, isto é, o seu corpo dotado dos cinco sentidos.

Os cinco sentidos são, por assim dizer, cinco portas ou canais que põem o homem em contato com o mundo material ao seu redor. Por meio desse contato sensorial com o ambiente externo, enriquece o homem o seu ser, assimilando algo desse mundo físico. É esse o modo mais simples de "conhecer" a percepção sensória, que o homem tem em comum com todos os organismos inferiores.

Além dos cinco sentidos, esses portais externos, possui o homem três faculdades internas de conhecimento, que são o intelecto, a imaginação e a memória. Pelo intelecto elabora o homem ulteriormente a matéria-prima que os sentidos lhe forneceram; isto é, percebe as invisíveis relações, ou leis, que regem os fenômenos visíveis. Os sentidos apenas "percebem" os fatos concretos, ao passo que o intelecto "concebe" as leis abstratas que regem esses fatos. Essas leis são mais reais do que aqueles fatos — embora o homem primitivo pense de modo contrário.

Pela imaginação crea o homem imagens internas dessas mesmas relações ou leis que o intelecto descobriu. A memória, por assim dizer, armazena e arquiva o conteúdo do intelecto e da imaginação, tornando o homem capaz de evocar e representar (isto é, tornar novamente presentes) fatos ocorridos no passado ou a distância.

Também os organismos infra-humanos (plantas, animais) possuem uma espécie de sentidos internos (além dos externos), mas de caráter muito inferior aos do homem. Não podem elaborar idéias abstratas, separadamente de fatos concretos, razão porque nos organismos infra-humanos não há progresso, civilização, cultura, ciência, arte, filosofia, religião, etc., uma vez que todas essas atividades humanas supõem a concepção de relações, leis ou vínculos inacessíveis aos sentidos orgânicos.

A transição da simples *percepção sensória* para a *concepção intelectual* do homem deve ter demandado muitos milhares ou milhões de anos, porque essa nova consciência intelectual supõe uma profunda modificação nos nervos, mudança essa que se processou a passos mínimos em espaços máximos, como aliás toda a evolução. Os nervos são como que antenas ou aparelhos receptores de ondas invisíveis. Para captar as "ondas longas" emitidas pelos objetos do mundo material bastam os receptores primitivos dos sentidos; mas para captar as "ondas curtas" das invisíveis leis que regem a matéria, requer-se um aparelho receptor muito mais delicado e sutil.

Hoje em dia, na Era Atômica, esse receptor intelectual do homem atingiu a grande perfeição, pondo a humanidade em contato com realidades que nenhum sentido orgânico pode verificar.

Entretanto, a faculdade racional (chamada também espiritual ou intuitiva) do homem acha-se ainda em estado tão primitivo e embrionário como era, em épocas remotas, a faculdade intelectiva da nossa raça.

À luz dos fatos da biologia individual, é fácil, em nossos dias, verificar o que, em eras pré-históricas, aconteceu com a raça humana como tal. Todo indivíduo humano percorre, hoje, em poucos anos, o que o gênero humano percorreu em milhares de séculos, a saber: 1) o estágio sensitivo, 2) o estágio sensitivo-intelectivo, 3) o estágio sensitivo-intelectivo-racional. A evolução do indivíduo é uma miniatura e recapitulação sumária da evolução da raça.

Segundo Teilhard de Chardin, o homem percorre quatro estágios evolutivos: *hilosfera* (material), *biosfera* (vital), *noosfera* (intelectual) e *logosfera* (racional). O homem de hoje atingiu o estágio intelectual em alta escala. O homem do futuro — e alguns já antecipam esse futuro — entrará no estágio da razão, ou *logosfera*, plenamente realizado pelo Cristo, que, no quarto Evangelho, é identificado com a própria Razão: "No princípio era o *Lógos*..."

A humanidade, salvo raras exceções, se encontra hoje no estágio sensitivo-intelectivo, ignorando, total ou parcialmente, o mundo racional ou espiritual. Portanto, esse mundo por nós ignorado não exerce sobre a nossa vida influência ponderável. Ora, o mundo sensitivo-intelectivo é o mundo do egoísmo individual, fonte de todos os dolorosos problemas e da infelicidade da vida humana. Com a entrada no mundo racional ou espiritual, o homem ultrapassaria a zona desses problemas infelicitantes, oriundos do egoísmo unilateral; entraria na zona do altruísmo ou do amor universal.

Segue-se logicamente que a conquista definitiva da felicidade imperturbável depende essencialmente do descobrimento prático desse vasto mundo racional. O único homem a viver plenamente nesse mundo da razão espiritual foi, como dissemos, Jesus, o Cristo, razão porque nele não havia dolorosos problemas nem infelicidade. Ora, disse ele, "vós fareis as mesmas obras que eu faço, e as fareis maiores". Logo, é possível a todo homem ser tão feliz como Jesus foi feliz.

Faze uma limpeza geral!

— Estamos de festa! Flores por toda a parte, nas mesas, pelas paredes, nos peitoris das janelas!...

— Esqueceste uma coisa, amigo.

— Que foi?

— Limpeza geral da casa! Olha as teias de aranha lá no canto! Olha o cisco no chão!

— Não importa! As flores vão encobrir tudo.

— Acho que, antes de pôr flores, seriam necessárias muita vassourada, sabão, creolina, inseticida, etc.

* * *

Felicidade é vida em festa — e festa na vida. Mas, para haver festa e flores, é necessário fazer uma limpeza geral na casa.

Infelizmente, a nossa civilização e vida social está quase toda baseada em mentiras, fraudes, falsidades, hipocrisias e outras poluições.

A patroa dá ordem à empregada para dizer às visitas que a "dona não está em casa".

O negociante tem de mentir constantemente aos fregueses para vender as suas mercadorias.

O leiteiro mente dizendo que leite com 50% de água é leite puro.

O vinicultor põe no seu vinho, além de água e anilina, drogas picantes e nocivas, para vender melhor ou atender ao gosto viciado dos consumidores.

O farmacêutico falsifica os seus produtos de laboratório para ganhar mais dinheiro, pondo em perigo a vida e a saúde dos que lhe ingerem as drogas.

O cabo eleitoral mente ao público que o seu candidato é o melhor do mundo, quando ele bem sabe que o seu patriotismo obedece à plenitude do bolso.

O orador sobe à tribuna, cônscio da sua inigualável competência, e inicia a sua peca oratória com as palavras costumeiras: "Eu, apesar da minha absoluta incompetência...", abrindo ligeira pausa para ouvir das primeiras filas um murmúrio de "não apoiado", suavíssima carícia para a sua vaidade.

"Muito prazer em conhecê-lo" — quantas vezes não encobre essa frase estereotípica sentimentos diametralmente opostos aos que os lábios proferem?

Noventa por cento do que jornais, rádio e televisão propalam é mentira a serviço da cobiça.

Tão inveterados são esses e outros vícios sociais, que é quase impossível viver em sociedade sem ser contagiado por essas poluições. Tudo isso, porém, é sujeira moral, que torna praticamente impossível o desenvolvimento de uma verdadeira felicidade.

* * *

Certo dia, nos Estados Unidos, entrei numa loja para comprar um artigo. Um dos vendedores mostrou-me o artigo que eu desejava, mas logo acrescentou: "Não é dos melhores; mas o senhor encontrará coisa melhor na casa tal, rua tal".

Tive a impressão de estar presenciando um milagre; pois não devia o vendedor garantir-me que aquele artigo que a casa vendia era o melhor do mundo, insuperável, ultrapiramidal e jamais igualado? E como é que, ainda por cima, me indica ele uma loja onde possa comprar coisa melhor?

Entretanto, melhor publicidade não podia o empregado fazer da casa do que a que fez; ser escandalosamente honesto! O fato é que, desde esse dia, eu só comprava nessa casa, e para lá encaminhava os meus amigos. *"Honesty is the best policy"* — (honestidade é a melhor política) — pura verdade, que poucas pessoas compreendem.

Quando uma pessoa começa a ser escandalosamente honesta, em todos os pensamentos, palavras e atos da sua vida, descobre algo que até então ignorava completamente.

Como definir esse algo?

O fato é que essa pessoa descobre dentro de si um "lugar seguro" — vá essa palavra tosca por outra melhor — uma espécie de baluarte ou fortaleza, um ponto de refúgio nas tempestades da vida. E por mais violentas que lá fora esbravejem as tormentas, no interior desse reduto seguro vive a alma em perfeita paz e serenidade.

Essa pessoa descobriu que "felicidade" ou "infelicidade" não é algo que lhe possa "acontecer" de fora, mas que ela produz de dentro. Descobriu a enorme diferença entre "felicidade" e "prazer", entre "infelicidade" e "sofrimento". Prazeres e sofrimentos estão nos nervos, na carne, na superfície do ego periférico — ao passo que felicidade ou infelicidade é algo que reside no Eu central, na alma.

De encontro a toda a terminologia tradicional, essa pessoa verifica que nenhuma pessoa ou coisa a podem fazer feliz ou infeliz — mas que só ela mesma é autora da sua felicidade ou infelicidade.

Candidato à verdadeira felicidade, grava bem dentro de teu coração esta grande verdade: NUNCA FAREI DEPENDER A MINHA FELICIDADE DE ALGO QUE NÃO DEPENDA DE MIM!

* * *

Quando, porém, essa pessoa, num momento de fraqueza, cede à tentação de substituir o código de ética absoluto por um código de moral relativa; quando sacrifica a convicção retilínea da consciência pelas convenções curvilíneas da convivência social — verifica logo que perdeu a sensação de segurança e serenidade interior; "está fechada a porta para aquele lugar seguro" da alma; sente-se pouco segura, à mercê das circunstâncias externas. E por mais que tente iludir a si mesma com bravatas e atitudes de independência, não consegue reaver o baluarte da tranqüilidade interior, enquanto não voltar de todo o coração a um código de ética absoluto e incondicional, restabelecendo uma perfeita limpeza em sua casa.

A felicidade é algo muito grande, depende, porém, de coisas pequeninas, isto é, coisas que parecem pequenas aos inexperientes; de fato, todas as coisas, mesmo as menores, são grandes quando feitas com grandeza de alma.

Quem não estiver disposto a pagar esse preço de uma honestidade retilínea absoluta, nunca alcançará verdadeira felicidade interior.

Mas os que quiserem pagar esse preço, jamais se arrependerão dos sacrifícios e saberão o que quer dizer: "Bem-aventurados os puros de coração, porque eles verão a Deus".

Olha para além dos horizontes!

Tudo o que até agora dissemos sobre o caminho da felicidade e os meios para alcançá-la será praticamente tão difícil que a maior parte dos leitores não conseguirá realizar esse supremo ideal, se não se habituar a olhar para além dos horizontes da vida terrestre.

A fim de prevenir qualquer equívoco ou mal-entendido, vamos, logo de início, deixar bem claro o que entendemos com a expressão "olhar para além dos horizontes".

Não quer dizer desertar da vida, viver no mundo da lua, praticar algum escapismo ascético, refugiar-se em algum estoicismo passivo, tornar-se indiferente e apático em face dos dolorosos problemas da vida cotidiana. Não, nada disso quer dizer "olhar para além dos horizontes".

Quer dizer, isto sim, encarar a vida humana em toda a sua *plenitude real*, e não apenas num *aspecto fragmentário*, incompleto.

Exemplifiquemos: se uma lagarta quisesse resolver os problemas da sua vida de inseto voraz apenas na base dessa sua existência provisória, de lagarta, ignorando as outras fases da sua vida, sobretudo a da borboleta alada, não acertaria jamais com a solução satisfatória, porque a sua existência de hoje só é compreensível à luz da sua existência de amanhã. Por que comer o dia todo? Por que reunir tanta matéria-prima nesse tubo digestivo do seu corpo desgracioso? Por que enclausurar-se num casulo de fiozinhos ou amortalhar-se no silencioso ataúde da crisálida? Nenhuma finalidade razoável teriam todas essas e muitas outras atividades da lagarta se não preludiassem uma existência futura, que lhes dá sentido e razão de ser.

Semelhantemente, quando o homem toma a sua vida terrestre separadamente da sua existência total, do seu destino futuro, para o qual a vida presente está como o estágio da lagarta para o da borboleta — não encontra explicação para certas realidades da vida terrestre, sobretudo para os inevitáveis sofrimentos. E essa falta de explicação satisfatória gera infelicidade. O sofrimento em si não gera infelicidade; a infelicidade em todo o seu amargor provém do caráter absurdo e paradoxal do sofrimento. Uma vez destruído esse caráter *revoltante* por meio de uma compreensão serena e real, desaparece o pior do sofrimento, e o sofredor humano compreende o que Jesus quis dizer aos discípulos de Emaús com as palavras: "Não devia então o Cristo sofrer tudo isso, para assim entrar em sua glória?"

O sofrimento compreendido conduz à glória da felicidade — o sofrimento incompreendido, ou até descompreendido, leva a uma infelicidade inglória.

A parte não se explica pela parte, mas somente pelo Todo.

O fragmento é absurdo e sem sentido quando não relacionado, como parte integrante, a um Todo maior.

A pedrinha escura de um grande mosaico parece não ter beleza alguma quando tomada isoladamente, mas quando integrada no todo de formas e cores, que é o mosaico como tal, cumpre a sua função peculiar, contribuindo para a harmonia cósmica do Todo.

A consciência telúrica do homem de hoje, creada pela inteligência personal, produz a infelicidade da vida, por falta de integração na consciência cósmica do homem de amanhã, consciência essa gerada pela razão espiritual, pelo Cristo dentro de nós.

O que estamos dizendo não é teologia, mas sim filosofia cósmica. A convicção de uma vida futura — ou melhor, a continuação da vida presente — não é apenas um artigo de fé dogmática, como, por outro lado, não é demonstrável por argumentos analíticos da simples inteligência. Entretanto, é possível obtermos pleníssima certeza da vida eterna. De que modo? A verdadeira e definitiva certeza não nos vem de provas intelectuais nem de dogmas eclesiásticos (que são apenas auxílios preliminares). A profunda e inabalável certeza nos vem de uma intuição direta, imediata, da Realidade Total. O homem devidamente concentrado no seu Eu espiritual adquire certeza absoluta da Realidade de Deus e da indestrutibilidade do seu próprio Eu eterno.

Uma vez adquirida essa certeza definitiva da vida eterna pós-morte, o homem acha fácil e espontâneo colocar a sua vida terrestre, de poucos decênios, como parte integrante desse grande Todo da sua vida sem fim.

Essa certeza, como dizíamos, não é apenas um artigo de fé religiosa, nem um produto de provas intelectuais, mas sim efeito de uma experiência íntima, imediata.

E essa experiência é solidamente "científica" se pela palavra "científico" não entendermos apenas o pequeno setor atingido pela faculdade analítica do intelecto — que é apenas o á-bê-cê da ciência — mas incluirmos na zona da ciência também os vastos domínios da razão superior, cuja função é cósmica, intuitiva, universal, ultrapassando as fronteiras do intelecto pela mesma distância que este ultrapassa as fronteiras dos sentidos.

Quase todos os grandes cientistas dos últimos cinqüenta anos, sobretudo Einstein, foram homens profundamente intuitivos, que não limitavam a ciência aos silogismos analíticos do intelecto, mas colocavam a ciência na base mais ampla da razão intuitiva.

De maneira que a imortalidade, embora não seja intelectualmente demonstrável, nem por isso deixa de ser postulado rigorosamente científico, no sentido racional ou espiritual.

Crer na imortalidade é necessário, mas não é suficiente. A *crença* é o princípio, mas a *sapiência* é o fim dessa certeza. Sapiência quer dizer experiência racional, espiritual, intuitiva. A *crença* é da vontade, a *ciência* é do intelecto — a *sapiência* é da razão, ou do espírito.

Entretanto, para que essa certeza intuitiva nasça na alma, duas coisas são necessárias, a saber: 1) ter fé na realidade da vida eterna, 2) harmonizar a sua vida cotidiana com o conteúdo dessa fé.

O primeiro ponto é relativamente fácil. O segundo, porém, é imensamente difícil, pelo menos no princípio, porque não é nem mais nem menos que a abolição do nosso inveterado egoísmo e a proclamação de um amor universal. Quem leva uma vida em conflito com os ditames da sua fé não chegará jamais a adquirir verdadeira certeza intuitiva sobre essa realidade, base de toda a felicidade. O caminho para a sapiência espiritual leva a uma fé eticamente vivida, ou, no dizer de Santo Agostinho, *"fides quae per charitatem operatur"*, uma fé que se manifesta pelo amor. Os homens que, segundo o quarto Evangelho, "amam mais as trevas que a luz, porque as suas obras são más", não podem atingir uma definitiva convicção da vida eterna, e por isso não podem ser realmente felizes na vida presente, uma vez que com cada novo dia que aqui vivem se aproximam mais do termo fatal da existência terrestre — e quem poderia ser feliz sabendo que todas as suas glórias e grandezas de hoje acabam no abismo do nada de amanhã?...

Os mais conhecidos obstáculos a essa fé eticamente vivida são os seguintes: a cobiça, a luxúria, o orgulho, a desenfreada caça aos bens terrenos, a ânsia de aplausos e elogios, o desejo de um conforto material excessivo, a falta de controle e disciplina sobre nossos sentimentos e pensamentos, o egoísmo em todas as suas manifestações — tudo isso é como que imundície que obstrui os canais por onde deviam fluir as águas límpidas da certeza intuitiva da vida eterna, sem a qual não pode haver verdadeira tranqüilidade, paz e felicidade interiores.

Harmonizar a sua vida cotidiana com os ditames da sua fé é o requisito número um para a formação de uma consciência clara e sólida sobre a imortalidade.

Por mais difícil que seja essa harmonização da vida com a fé, vale a pena empenhar o máximo para tal, mesmo que seja no último quartel da vida terrestre, porque a verdadeira felicidade vale por todos os sacrifícios.

Não te deixes comer aos pedacinhos!

É isso mesmo! O homem moderno, pelo menos nas grandes cidades, está sendo comido, ou antes roído, aos pedacinhos! São tantos os seus afazeres, tantas as suas idas e vindas, tantas as visitas e reuniões a que tem de atender, tantos os telefonemas, tantas as cartas a ler e a responder etc., etc., etc. — que esse pobre homem, de tanto correr, não tem tempo para viver.

E como poderia ser feliz quem nunca viveu?

O homem moderno está sendo roído aos pedacinhos! Se pelo menos fosse "devorado" de uma só vez — menos mal! — quer dizer, empolgado por uma grande idéia, por um sublime ideal que o arrebatasse e no qual se pudesse ele "perder" totalmente — seria feliz. Mas não é isso que lhe acontece. São mil e uma coisinhas pequeninas, inumeráveis grandes nadas, sem ordem nem nexo, que o dissipam, esfacelam, sugam e roem como outras tantas sevandijas, como pulgas, piolhos e percevejos... O homem perdeu a sua unidade interna, o seu centro imóvel, e gira estonteante por todas as periferias externas, pela imensa multiplicidade das coisas ao redor dele...

E assim vai o homem moderno, cidadão da civilização urbana, sendo consumido aos poucos, dia a dia, ano a ano, sem nada ter prestado de grande. De tantas coisas miúdas que tem de comprar e vender a varejo, não chega a adquirir nada por atacado; o seu troco miúdo de cada dia não lhe permite acumular um capital permanente — pobre vítima do século da eletricidade e cidadão da Era Atômica!...

Que fazer?

Enquanto não te for possível, pobre irmão, libertar-te desse "sanguessuguismo" de cada dia, de cada hora e de cada minuto, modificando radicalmente o teor de tua vida profissional; se não podes fazer o que deves, deves pelo menos fazer o que podes: reservar uma hora, ou meia hora, por dia, para estares contigo mesmo. Será que as 24 horas do dia e da noite pertencem integralmente a estranhos? Será que tens de receber todas as visitas *de fora,* sem jamais teres trinta minutos de tempo para uma visita *de dentro*? Será que todos os teus amigos, os pseudo-amigos, têm o direito de estar contigo quanto tempo quiserem e dizer quantas banalidades quiserem, sem que tu tenhas o direito de estar contigo durante alguns minutos?...

Assinaste com eles algum compromisso nesse sentido?...

Eu te conheço, meu pobre rico? Levantas-te, cada manhã, cansado, cheio de pensamentos dispersivos, derramados em todas as direções — e deitas-te, exausto, cada noite, altas horas, ainda com um tropel de pensamentos dispersos por todas as latitudes e longitudes do mundo externo... Ingeres à pressa as tuas refeições — acompanhadas das competentes drogas e infalíveis comprimidos — e até o teu sono é povoado dos sombrios fantasmas das mil e uma preocupações que te dilaceram a vida cotidiana...

Algum dia, quando chegares ao outro hemisfério da existência, algum habitante do além te perguntará: Como foi a tua vida lá em baixo? E tu, cheio de estranheza, responderás: Minha vida? Nada sei disso, pois eu não vivi, trabalhei apenas à margem da vida...

Amigo! Roído aos pedacinhos, 24 horas por dia, 365 dias por ano — e mais um dia no ano bissexto — não achas que seria tempo, mesmo no último quartel da vida terrestre, de ergueres um silencioso santuário no meio dessa barulhenta praça pública da tua atormentada existência? Uma convidativa ermida onde te possas recolher quando sentires vontade de estar a sós contigo, para leres algum livro, para pensares naquilo que és ou onde deve ser esquecido, por algum tempo, aquilo que tens ou desejas ter?...

Sabes o que quero dizer?

Toda pessoa normal tem essa necessidade de uma solidão sonora, de um deserto ameno, de um silêncio fecundo, de uma querida vacuidade transbordante de plenitude — compreendes o que querem dizer esses paradoxos cheios de verdade?...

Bem sei que certas pessoas detestam estar consigo mesmas, meia hora que seja; estão "sobrando" em toda a parte; não sabem o que fazer de si, desse horroroso vácuo do ego, desse hiante abismo da sua oca personalidade, e por isso, como náufragos, se agarram a qualquer tábua de salvação para não se afogarem no vasto oceano da sua nulidade... Canalizam para o interior de sua casa parte do querido barulho das ruas e praças, por meio do rádio, da televisão, dos jornais, ou por meio da visita de amigos conversadores...

Entretanto, como diz o texto sacro, *"abyssus abyssum invocat"* — um abismo clama por outro abismo — quanto mais o homem sente o seu vácuo de dentro, mais necessidade tem do barulho de fora...

Assim é o homem moderno, quando profano — e, ainda por cima, ignora por que se sente tão profundamente insatisfeito consigo mesmo — e com o resto da humanidade e do mundo...

Ignoto amigo e irmão, retorna sinceramente a ti mesmo, faze a maior descoberta da tua vida encontrando o teu verdadeiro Eu! Procura estar contigo, e com mais ninguém, pelo menos meia hora por dia! Concede à tua pobre alma esses poucos minutos de audiência diária, de leitura edificante, de meditação, de Cristo-conscientização — e verás que tua vida tomará rumo novo, e o fantasma anônimo da tua insatisfação sem motivo certo desaparecerá no cenário da tua vida.

A princípio, se não souberes ainda com que encher essa meia hora, abre as páginas de um livro que te fale à alma; lê vagarosamente, como que meditando, saboreando... Mais tarde, já não terás necessidade de pensamentos alheios para povoares dos anjos de Deus a tua querida solidão de cada dia...

E então, em vez de seres comido aos pedacinhos pelas exterioridades, deixar-te-ás "devorar" gostosamente por alguma grande idéia, por algum sublime ideal, que encherá com sua fecunda plenitude a tua estéril vacuidade de ontem...

E sentir-te-ás profundamente feliz...

Sintoniza a tua alma com o infinito!

No momento em que o leitor lê este capítulo da filosofia da felicidade, o ar está repleto de vibrações sonoras; alguma estação emissora está irradiando a *Nona Sinfonia* de Beethoven, ou talvez a *Ave Maria* de Schubert ou de Gounod. O leitor está percebendo essa música? Não? Por que não, se ela está no ar, aí mesmo onde o leitor está neste momento? Que é que falta? Certamente, não falta a presença real dessas ondas eletrônicas... O que falta é um aparelho receptor capaz de captar essas vibrações silenciosas e transformá-las em ondas sonoras. No momento, porém, em que o leitor sintonizar o seu rádio pela freqüência em que essa música foi irradiada — eis que as vibrações silenciosas, já pré-existentes no espaço, se transformam em ondas sonoras...

No caso, porém, de a música ser irradiada em ondas curtas, e o leitor sintonizar o seu aparelho por ondas longas, não captará as ondas sonoras presentes, e é como se elas estivessem ausentes — objetivamente presentes, subjetivamente ausentes...

A tua alma, leitor, é um delicado aparelho receptor dotado de uma antena mais ou menos sensível. Se o o leitor vai perceber uma irradiação espiritual ou não, depende da sensibilidade da antena e da qualidade do receptor.

Deus é a grande estação emissora de todas as ondas do universo. Nele tudo está, dele tudo vem, para ele tudo vai.

Os seres infra-humanos são dotados, por assim dizer, de receptores para ondas longas — digamos, para vibrações meramente materiais, como os minerais, os vegetais, os animais. Mas o homem possui, além disso, um aparelho receptor para captar ondas curtas, ondas espirituais.

Quanto mais perfeito for esse receptor, mais facilmente captará o homem as mensagens da Divindade, e tanto mais maravilhosa será a "música" da sua vida, que se chama felicidade.

Está, pois, no interesse vital do homem criar dentro de si um receptor de alta potência e absoluta nitidez, porque disso depende essencialmente o grau e a intensidade da felicidade da sua vida.

Esse receptor existe em cada homem, porque faz parte da própria natureza humana — mas a sua capacidade receptiva está sujeita a mil variações. A antena é a alma, mas nem toda alma possui suficiente receptividade para captar com segurança e nitidez as mensagens do Além, que sem cessar percorrem o espaço.

Afinar a sua antena, tornar o seu aparelho espiritual cada vez mais sensível — eis a tarefa máxima da vida de cada homem aqui na terra; porque todas as outras coisas, sendo derivadas dessas, virão por si mesmas. O grande Mestre de Nazaré exprimiu essa verdade básica nas conhecidas palavras: "Procurai primeiro o reino de Deus e sua justiça — e todas as outras coisas vos serão acrescentadas".

Com uma antena altamente sensível, nenhum homem pode ser realmente infeliz, aconteça o que acontecer. Nenhuma "interferência" de circunstâncias externas poderá destruir a música divina da sua vida. Ainda que tudo venha a falhar ao redor dele, esse homem sabe que dentro dele nada falhou, se ele mantiver a sua alma sintonizada com o Infinito. E como a coisa principal está salva, o resto propriamente não está perdido, embora pareça, porque onde persiste a causa fundamental ali também perduram, embora invisíveis, os efeitos dela derivados.

* * *

De que modo pode e deve o homem aperfeiçoar a sua antena espiritual?

Pelo exercício intenso e assíduo.

Em que consiste esse exercício?

Em abismar-se freqüentemente nesse mundo espiritual, que está dentro de cada homem, mas que a maior parte dos homens ignora, por falta de introspecção, que também se chama meditação, Cristo-conscientização ou oração.

É indispensável, leitor, que te habitues a dedicar pelo menos trinta minutos — melhor ainda se for uma hora —, diariamente, a esse exercício sério de afinação e sintonização do teu receptor espiritual, até que essa sintonia se torne espontânea e permanente, mesmo no bulício das ruas e na lufa-lufa da vida profissional. O exercício continuado produz a facilidade, e essa facilidade de mergulhar no mundo espiritual crea na alma um ambiente de profunda tranqüilidade, firmeza, segurança, paz e felicidade.

A história da humanidade de todos os tempos e países não nos apresenta um só homem realmente grande que não tenha praticado, assídua e intensamente, essa sintonização espiritual. A verdadeira grandeza do homem, idêntica à sua felicidade, consiste na facilidade com que ele se identifica com o mundo da Divindade.

Moisés, Elias, João Batista, Paulo de Tarso, Francisco de Assis, Sundar Singh, Buda, Lao-tsé, Gandhi, Tagore, Schweitzer e, sobretudo, Jesus de Nazaré — todos eles, e milhares de outros, praticavam regularmente esse ingresso em si mesmos e esse periódico regresso à fonte de luz e força, que é Deus dentro de cada homem, o "Deus desconhecido" que deve se tornar o "Deus conhecido" e o "Deus vivido", a ponto de cada homem poder dizer com o apóstolo Paulo: "Já não sou eu que vivo — o Cristo é que vive em mim"; e por isso mesmo podia ele exclamar: "Transbordo de júbilo no meio de todas as minhas tribulações".

É esse o "renascimento pelo espírito", a morte do "homem velho" e a ressurreição do "homem novo".

Mahatma Gandhi dedicava invariavelmente a primeira hora do dia à meditação espiritual; além disso, toda segunda-feira era completamente reservada a essa comunhão com Deus. Por isso conseguiu ele mais pela força do espírito do que outros conseguem pelo espírito da força.

Quando, anos atrás, Rabindranath Tagore, o exímio filósofo e poeta espiritual da Índia, passou pelo Rio de Janeiro, os repórteres dos jornais invadiram o navio para entrevistá-lo. Tagore, porém, não os recebeu, respondendo-lhes apenas: *"I am in meditation"* (estou em meditação), porque a passagem pelo porto do Rio de Janeiro coincidia casualmente com o dia da semana em que esse homem costumava ter a sua silenciosa comunhão com Deus; e nenhum prurido de glória ou celebridade pela imprensa de um grande país foi capaz de o demover da sua concentração espiritual.

Jesus, segundo referem repetidas vezes os Evangelhos, depois de terminar os seus labores diurnos, retirava-se freqüentemente às alturas de um monte ou à solidão de um ermo, a fim de passar horas e horas, por vezes a noite inteira, "em oração com Deus".

Dessa freqüente imersão no mundo divino provinha a luz e a força, a paz e imperturbável serenidade que caracterizam a vida de Jesus, de maneira que até nas vésperas de sua morte cruel podia ele dizer a seus discípulos: "Dou-vos a paz, deixo-vos a minha paz... para que seja perfeita a vossa alegria".

* * *

Objetará algum dos leitores que não tem tempo para "perder" com meia hora diária de meditação.

Respondo: se não quiseres "perder" trinta minutos para a

meditação, perderás 24 horas sem ela; mas se quiseres "perder" esses trinta minutos, ganharás 24 horas por dia.

Quem não dispõe de 2% do seu tempo diário (cerca de trinta minutos) para a coisa mais importante da sua vida, que é o fundamento de sua felicidade, pode estar certo de que nunca adquirirá a luz e força necessárias para ser solidamente feliz. Possivelmente, em dias de bonança e prosperidade, ignorará a sua infelicidade latente; mas em noites de crise e tormenta sofrerá naufrágio.

De que valem todas as outras atividades da vida se lhe faltar o fator positivo, espiritual? Quanto vale um zero? Nada! Três zeros? Nada. Seis zeros? Nada! E se multiplicássemos esses zeros com outros tantos: 000 x 000 — quanto teríamos? Ainda nada. Mas, se colocarmos o fator positivo "um" (1) no início de uma fila de seis zeros, 1.000.000 — quanto temos agora? Um milhão!

Eis o que acontece com o fator espiritual anteposto aos fatores materiais! Plenifica todas as nulidades!

Não andes com os bolsos cheios de remédios!

Em capítulos anteriores, prevenimos os leitores contra o perigo de confundir felicidade com certo bem-estar físico — e confirmamos essa nossa admoestação.

Entretanto, não somos tão irrealistas para ignorar que o bem-estar físico exerce grande influência sobre a nossa felicidade; se não é causa — como de fato não é — não deixa, muitas vezes, de ser *condição* ou circunstância favorável ou desfavorável à felicidade interna.

Trataremos, pois, no presente capítulo, do bem-estar físico da pessoa.

Numa das paredes do Instituto "Sanitas", desta capital de São Paulo, leio cada semana o aviso do grande médico da Antiguidade, Hipócrates: "SEJA O TEU ALIMENTO O TEU MEDICAMENTO!" E em um quadro suspenso em outra parede estão as palavras do grande filósofo estóico, Sêneca: "O HOMEM NÃO MORRE — O HOMEM SE MATA".

Quando dizemos que "o homem se mata", ou que "o homem morre pela boca como o peixe", muitas pessoas entendem estas palavras apenas no sentido de que milhares e milhões de pessoas ingerem, dia a dia, venenos lentos, como álcool, morfina, cocaína ou outros intoxicantes ou entorpecentes, agentes de suicídio lento.

Entretanto, não é disso que trataremos. Inúmeras pessoas suicidam-se lentamente em razão do *estado habitual negativo da sua mente.* Mantêm em casa uma completa farmácia ou drogaria, e não saem à rua sem primeiro encher os bolsos ou as bolsas de toda a espécie de comprimidos, pílulas, pozinhos ou fluidos, de mil cores, cheiros e gostos. Ao primeiro espirro, lá vai um comprimido! À mais ligeira tosse, venha um xarope! Ao mais leve sintoma de dor de cabeça, toca a ingerir uma droga de efeito imediato!...

Com esse procedimento insensato, provocam esses inexperientes dois grandes males, conforme abaixo.

Habituam o organismo a confiar em auxílios e reforços *de fora*, em vez de crear a sua defesa vital *de dentro.* Ora, é lei da natureza que as energias latentes do organismo, quando não obrigadas a atuar, acabam por enfraquecer-se e atrofiar-se gradualmente; quer dizer que todo remédio de fora diminui a resistência de dentro.

O mesmo vale para os agasalhos excessivos; está provado que o organismo se torna tanto mais sujeito a resfriados quanto mais for agasalhado contra eles; e tanto mais imune se torna contra esses males quanto menos agasalhado. A disciplina tonifica, a moleza enfraquece. Conheço uma instituição onde dezenas de crianças passam os invernos frios e garoentos da Paulicéia apenas ligeiramente agasalhadas, quase com as roupinhas leves do verão, e não se registra um só caso de resfriado entre elas, porque os seus organismos foram tonificados e imunizados pelo frio.

O segundo efeito dessa mania mórbida de andar com os bolsos cheios de remédios é pior que o primeiro; é o fato de crear em seu insensato autor um permanente hábito de receio ou negatividade. Por mais fantástico que pareça aos inexperientes, o fato é que os incessantes e subconscientes temores produzem esse estado negativo! As forças mentais são realidades creadoras — para o bem ou para o mal. Idéias são coisas! Pensamentos são realidades objetivas! E tanto maior é a força do pensamento quanto mais se estratificou nas profundezas do subconsciente, formando camada permanente, ou hábito, de onde irradiam sem cessar energias "radioativas" rumo à superfície dos atos conscientes. Um subconsciente saturado de receios e temores crea necessariamente a realidade objetiva daquilo que subjetivamente alimenta no seu interior. Ninguém pode modificar a Constituição do macrocosmo, do grande Além de fora, nem do microcosmo do grande Além de dentro.

O homem saturado de temores negativistas comete, a cada dia, dois atentados contra a sua saúde: além de diminuir, com cada ingestão de drogas, a resistência natural de seu organismo físico, crea dentro do seu organismo mental uma atmosfera de negativismo ou alergia, foco permanente de novos males.

Conforme já expusemos em capítulo anterior, e não é demais repetir, há não muito tempo, o conhecido *Reader's Digest,* dos Estados Unidos, provou que um enorme porcentual de cidadãos daquele país sofre de "complexos psíquicos", em virtude da mania tão generalizada de recorrer a psiquiatras e psicanalistas. Essas supostas vítimas de complexos ou recalques criam esses males que, a princípio, só existiam na imaginação delas, mas, depois de consultarem psicanalistas, passaram para o terreno da realidade; se, desde o início, essas pessoas não lhes tivessem prestado atenção, não teriam esses estados, imaginários ou semi-imaginários, encontrado solo fecundo para medrar e prosperar; mas, como o solo foi cuidadosamente adubado com o negativismo mórbido dessa focalização mental de complexos desenvolveu-se aquilo que, a princípio, existia apenas na imaginação. Toda doença, sobretudo psíquica, quando focalizada pela atenção assídua e diuturna, passa a tornar-se real. Pensar é realizar o pensado.

* * *

Há anos, diversos médicos alemães fizeram a seguinte experiência: tiraram dos hospitais e sanatórios de tuberculosos dezenas dessas pobres vítimas, distribuindo-as, isoladamente, em propriedades rurais. Nesse ambiente, onde o tuberculoso não tinha companheiro de doença com quem falar sobre o seu mal, e onde os residentes tinham ordem prévia de não reagir a nenhuma conversa dessa natureza, as vítimas do bacilo de Koch subtraíram o solo propício ao seu mal — e o resultado foi que a maior parte deles saiu curada sem nenhum remédio físico. A tuberculose morreu por falta de alimento mental e psíquico!

Certa noite, apareceram no meu Curso de Filosofia Univérsica diversos alunos com sintomas de resfriado incipiente; fiz-lhes ver que era fácil matar o microscópico vírus do resfriado por meio de "injeção mental"; todos os que conseguiram realizar essa "injeção mental" saíram curados no dia seguinte. Ondas mentais ou psíquicas devidamente dirigidas são forças reais e atuam com infalível certeza, quando devidamente empregadas.

Estabelecer e conservar dentro de si um ambiente de "higiene mental" ou de "sanidade psíquica", é um dos requisitos mais importantes para manter a sua vida num equilíbrio geral indispensável à saúde e felicidade.

Nenhum remédio pode curar doença. Somente a natureza cura, refaz o que fez. Por vezes, o remédio desobstrui o caminho obstruído pela ignorância ou inteligência humana. A inteligência do homem é pura ignorância em face da grande Inteligência da natureza, que é o espírito de Deus. Deus é a alma do Universo, disse um grande filósofo; e essa alma ou Inteligência da natureza é a única força curadora, suposto que ela encontre o caminho aberto para exercer a sua força curativa. O melhor que o homem pode fazer é obedecer à grande Inteligência da natureza e não ter a pretensão de saber mais do que a grande Inteligência do Deus da natureza e da natureza de Deus. A vida do homem civilizado dos nossos dias é profundamente desnatural e antinatural. Quando o homem se mata de uma só vez, é chamado "suicida"; quando ele se mata em prestações, é chamado "homem civilizado".

Deus não fez doenças. Todas as doenças são produtos do homem. A nossa humanidade vive envolta numa atmosfera de poluição material, mental e espiritual, num ambiente venenoso, numa hipnose coletiva de negativismo.

Nossos remédios alopáticos são paliativos, que, quando muito, podem remover certos sintomas do mal, mas não podem curar o mal pela raiz. Nem mesmo a homeopatia cura totalmente. Para a cura total é necessária a *logoterapia,* como diria Victor Frankl; ou, melhor ainda, a *cosmoterapia*.

Mantém permanente unidade na intermitente variedade!

Solicitei aos meus alunos de filosofia, em São Paulo, que me dessem umas sugestões pessoais sobre o que pensavam do problema da felicidade. Um deles escreve quase duas laudas a máquina, contendo numerosas variações de uma idéia central, que culmina no seguinte: para haver felicidade, deve haver *intermitências* periódicas; a permanência contínua de qualquer estado, por mais agradável em si, embota a sensibilidade, e, portanto, a consciência da felicidade; assim, quem estivesse sempre farto, ou sempre esfomeado, não seria feliz; para haver felicidade deve haver sucessão de fome e fartura; quem sempre descansasse ou sempre trabalhasse não seria feliz; é necessário que haja sucessão de trabalho e descanso; o maior dos gozos físicos ou mentais deixaria de ser gozo se não fosse alternado com o seu contrário. A felicidade, portanto, consiste antes em um *processo* ou fluxo que num *estado* ou quietação.

Que dizer quanto a isso?

Há nisso muita verdade — não, porém, a verdade total.

Antes de tudo, o expositor acima parece limitar-se à zona meramente horizontal do *prazer*, que é físico-mental; não atinge as alturas da *felicidade* como tal, que é racional (espiritual). Mas, abstração feita desse ponto, passemos à análise da resposta em si mesma.

Para haver felicidade deve haver tanto *permanência* como *intermitência* — assim como, para haver cinema, deve haver uma tela branca, imóvel (permanente) e deve haver figuras que sobre ela se movam (intermitentes). A tela branca não é o cinema, nem as figuras em movimento podem ser projetadas no ar. Só a junção entre o imóvel e os movidos é que constitui o cinema como realidade total.

Unidade e *variedade* são fatores essenciais para a felicidade — ou seja, permanência e intermitência.

Parece que até no reino da Infinita Divindade vigora essa mesma lei universal: Deus é uno em sua essência, porém *múltiplo* em suas existências: *um* no ser, *muitos* no agir. "Brahman é um, várias são as suas manifestações" (*Bhagavad Gita*). As manifestações de Deus chamam-se mundos ou creaturas. Deus é a Causa, os mundos são os efeitos.

Um é o divino SER — muitos são os existires dele derivados.

Essa unidade na diversidade chama-se Universo, palavra genial, da qual nasceu a nossa Filosofia Univérsica. Tanto no macrocosmo mundial como no microcosmo hominal vigora o princípio da unidade na diversidade. O homem integral é homem cósmico, o homem univérsico.

Ora, como o homem é "imagem e semelhança de Deus", é forçoso que nele vigore a mesma lei: é necessário que haja no homem um fundo permanente — espécie de tela branca, imóvel, incolor — sobre a qual se projetem as figuras móveis, multicores, dos acontecimentos sucessivos da vida.

Há duas coisas mortíferas: o *caos* e a *monotonia.*

Caos é variedade sem unidade.

Monotonia é unidade sem variedade.

Nem essa nem aquela é felicidade.

A felicidade consiste essencialmente na *harmonia*, que é *unidade com variedade.* Onde falta um dos dois elementos não há felicidade.

A unidade é garantida pela *essência permanente do homem* — a variedade é creada pelas *existências intermitentes*, isto é, pelo processo evolutivo ou diversas fases de desenvolvimento do homem. Se houvesse apenas essência imóvel não haveria felicidade, mas sim fastidiosa e mortífera monotonia. Se houvesse tão-somente existências móveis, tampouco haveria felicidade, mas sim um desconcertante e mortífero caos, uma sucessão de atos desconexos sem nenhuma atitude permanente.

O homem moderno é, muitas vezes, infeliz, não por monotonia, mas em virtude do caos da sua vida. Corre em busca de *muitas coisas*, mas não descobriu o *muito*. Vítima de mil *quantidades* externas, não chega a experimentar a *qualidade* interna do seu ser. Muitas são as coisas que ele *tem* ou deseja *ter* — *pouco* é aquilo que ele é. A multiplicidade das suas ocupações externas e quantitativas é estonteante, dispersiva, centrífuga, desunificante; o homem moderno anda continuamente esfacelado, derramado em todos os quadrantes; é infiel a si mesmo; deixou de *ser*, para apenas *existir*. O homem moderno é *existencialista*, mas deixou de ser *essencialista*. Tem medo do seu próprio *centro*, que ignora, e refugia-se em todas as *periferias*, que não o satisfazem. Com medo de ser monótono, acaba sendo caótico. Mas o caos não é menos infelicitante que a monotonia; são dois assassinos eqüidistantes da felicidade vivificante.

Pode ser que o homem oriental não seja feliz, por *hipertrofia de passividade* — mas, se o homem ocidental é infeliz, é quase sempre por *hipertrofia de atividade* e *atrofia de passividade*. A harmonia entre a extrema passividade e a externa atividade seria uma *passividade dinâmica* ou *harmonia*.

Se o oriental necessita de atividade para ser feliz, o ocidental necessita de passividade — passividade dinâmica — para deixar de ser infeliz.

Passividade é permanência — atividade é intermitência.

Em que consiste essa passividade ou permanência de atitude?

Consiste, antes de tudo, na consciência nítida da nossa *eternidade*, do nosso Ser absoluto, infinito, da nossa essencial divindade (contrabalançada pela existência humana). Consiste no descobrimento do nosso Eu central, do nosso Emanuel. ("Deus em nós"), do nosso Cristo interno, do Reino de Deus dentro de nós — consiste em nossa auto-realização, na nítida consciência daquilo que, na realidade, somos.

A felicidade do homem ocidental não pode ser conseguida pela diminuição das suas atividades externas, intermitentes — mas sim pela intensificação da consciência da sua unidade interna, permanente.

Somos infelizes porque, de tão dispersos que andamos pelas periferias múltiplas do mundo de fora, deixamos de saborear a repousante convergência para o nosso centro de dentro, a realidade do nosso verdadeiro EU.

A nossa *consciência telúrica* é máxima — a nossa *consciência cósmica* é mínima.

A consciência telúrica é gerada pelos sentidos e pelo intelecto — a consciência cósmica é filha da razão ou do espírito.

A solução não está, pois, em abolirmos as nossas atividades horizontais, dos sentidos e do intelecto, mas em lhes acrescentarmos a atividade vertical da razão espiritual. A felicidade é essencialmente *cósmica*, isto é, nascida do consórcio do físico-mental com o racional (espiritual), isto é, o homem integral, univérsico.

O homem mais feliz que já apareceu sobre a face da terra foi Jesus, o Cristo, porque nele era máxima a consciência cósmica da sua identidade com o Infinito "Eu e o Pai somos um", aliada à perfeita consciência telúrica da diferença entre ele e o Infinito. "O Pai é maior que eu."

No dia e na hora em que a consciência telúrica do homem físico-mental for plenamente integrada na consciência cósmica do homem racional — nascerá o homem perfeitamente feliz.

Convida a Deus para teu sócio!

Meu amigo! Se eu te dissesse que, para resolveres certos problemas dolorosos da vida, devias "orar" ou "rezar", talvez tivesses um gesto de desilusão ou pouco caso. E eu te compreendo, porquanto, para milhares e milhões de cristãos, "orar" quer dizer pedir, mendigar ou recitar determinada fórmula — e depois aguardar a decisão de Deus, de um Deus que, como eles entendem, reside em algum misterioso recanto do universo, para além das estrelas e vias-lácteas, e, por exceção, visita a nossa terra.

Por isso, não vamos falar em "oração". Em vez disso sugiro o seguinte: quando te achares em dificuldade de qualquer natureza, ou quando tua mente estiver repleta de amargura ou revolta, suspende por alguns minutos todo e qualquer pensamento nessa direção; não penses em nada; faze de tua mente uma espécie de vácuo, carta branca, um silencioso deserto. E quando estiveres inteiramente calmo e sereno, dize pausadamente: "Convido-te, Senhor, para seres meu sócio e meu conselheiro nesse impasse em que me encontro! Ilumina os caminhos da minha vida, para que eu veja claramente o que, neste momento, devo fazer ou deixar de fazer! Dá-me a força necessária para que eu possa fazer o que está certo! Ajuda-me, Senhor! Sê meu sócio e companheiro, tu que sabes mais do que eu!"...

Claro está, não é necessário que digas literalmente estas palavras, mas sim que cries dentro de ti a atitude indicada pelas palavras que acabo de escrever.

Repete, muitas vezes, o mesmo pedido, ou melhor, dize positivamente: "Tu, Senhor, és meu sócio, e eu estou certo de que me ajudarás eficazmente, com teu poder e tua sabedoria. Eis-me aqui às tuas ordens!"...

Não fales a esse "senhor" como se fosse alguém ausente; esse "senhor" é teu próprio centro, teu Eu central; desperta-o do seu sono.

Depois de te manteres uns cinco minutos nesse clima, verificarás que os horizontes se vão desanuviando lentamente; as nuvens da amargura e revolta dissipam-se ao avanço da luz da serenidade; o teu despeito cederá lugar a uma atitude de compreensão e benevolência.

Em vez de esbarrares, qual besouro estonteado, contra as vidraças de uma janela fechada, e caíres, finalmente, exausto, sobre o peitoril da janela para morrer; em vez dessa manobra ridícula e estúpida, olha calmamente em derredor — e acabarás por descobrir, com grata surpresa, que, a dois passos da janela fechada, há uma porta aberta de par em par, pela qual poderás ganhar sem esforço a liberdade, e sair da tua prisão voluntária.

Para ilustrar o que acabo de dizer, escuta a seguinte história, verídica em todas as suas partes:

O Sr. Antônio era alto funcionário de uma importante empresa industrial, o braço direito do próprio diretor da empresa. Chegou o dia em que o diretor foi aposentado. O dito funcionário tinha absoluta certeza — e isso era voz geral — de que ele ia ser nomeado diretor local da empresa, tanto mais que era de grande eficiência, e de uma honestidade a toda prova. Qual não foi, porém, o seu desapontamento quando uma pessoa estranha foi convidada para sucessor do antigo diretor! O Sr. Antônio recalcou o seu ressentimento e recebeu com relativa calma a tremenda decepção; mas sua esposa, de temperamento mais sanguíneo e exaltado, exasperou-se enormemente e falou a todas as suas amigas da "ingratidão" e da "injustiça" que acabavam de ser cometidas contra seu marido pelo diretor daquela empresa.

A situação era deveras desagradável.

Certo dia, o casal decepcionado convidou para o jantar um amigo. Durante a refeição, naturalmente, veio à baila o caso ingrato da "injusta" preterição do Sr. Antônio, e a senhora dele desabafou a sua amargura e derramou toda a sua bílis sobre o ingrato patrão. Por fim, ela pediu o parecer do distinto convidado, que era conhecido pela nobreza do seu caráter e pela grande clarividência em casos dificultosos. O hóspede respondeu que compreendia perfeitamente o desapontamento dela e do marido, e, se o caso fosse com ele, não deixaria de sentir-se também profundamente magoado. "E entretanto", prosseguiu, "não creio que devamos permitir que o ódio e o despeito se apoderem das nossas almas". Semelhante auto-envenenamento, além de não resolver nada, complicaria mais ainda a situação e encheria de confusão o espírito, precisamente no momento em que ele necessitava da maior clareza.

Sugeriu, que, depois do jantar, todos os três se dessem as mãos, formando uma cadeia, e fizessem alguns momentos de silêncio e concentração. Dito e feito. No fim dessa pausa silenciosa, o hóspede disse, calma e vagarosamente, mais ou menos o seguinte:

"Senhor Jesus, tu disseste: Onde dois ou três estiverem reunidos em meu nome, ali estarei eu no meio deles!

Eis que aqui estão três reunidos em teu nome, ó Cristo! Sabemos que estás no meio de nós. Dá-nos o teu espírito de compreensão e amor e mostra-nos claramente o que devemos fazer na presente conjuntura, de conformidade com teu espírito".

"Assim seja", responderam todos.

Depois disso, houve um momento de silêncio... Havia certa solenidade no ar... Certa paz nos corações...

Quem primeiro rompeu o silêncio foi a senhora, dizendo com um suspiro profundo: "Acho que é isso mesmo que temos de fazer... Quando convidamos o amigo para jantar conosco, receávamos que nos viesse pregar um sermão sobre a paciência e resignação cristã; felizmente, não falou em religião, mas deu-nos uma orientação muito sensata". (Entre nós: parece que ela até hoje não descobriu que a solução sugerida pelo hóspede era o mais puro Cristianismo!)

Daquele dia em diante, a atmosfera melhorou 70% nesse lar. Quase não se falava mais no doloroso caso da preterição. O Sr. Antônio continuou a trabalhar na mesma firma e era chamado freqüentemente pelo novo diretor para dar opinião sobre diversos assuntos de responsabilidade. O novo diretor era reservado, taciturno, porém absolutamente correto no trato com seus empregados.

Passou-se um ano e tanto.

Certa manhã, bem cedo, o tal convidado ao jantar foi inesperadamente chamado ao telefone. Quem falava do outro lado da linha era uma senhora, evidentemente em grande alvoroço.

— Sabe o que aconteceu? — exclamava ela, vibrante de emoção.

— Que foi?

— Meu marido acaba de ser promovido a diretor local da empresa onde trabalha...

— Não diga! Como foi?

— O antigo diretor foi transferido para gerir a empresa matriz, na capital, e convidou o Antônio para seu sucessor aqui.

— Parabéns, senhora! Mil vezes parabéns!

— Imagine, se daquela vez, no ano passado — o senhor se lembra, não é? —, não nos tivéssemos portado à altura, sabe Deus o que teria acontecido. E agora esta sorte grande a cair-nos em casa!... E é principalmente ao senhor que devemos esta felicidade. Venha jantar conosco hoje à noitinha. Vamos celebrar o grande acontecimento!

Assim se fez.

No fim do jantar, os três, em silêncio, se deram as mãos e o convidado disse em voz alta:

— Tu disseste, Jesus: Onde dois ou três estiverem reunidos

em meu nome, ali estarei eu no meio deles. Nós te agradecemos por tua feliz presença no meio destes teus discípulos. Continua a ser o nosso amigo e sócio!

— Amém! — responderam todos.

Seja o teu alimento o teu medicamento!

Se o homem observasse fielmente este preceito lapidar do médico-filósofo Hipócrates, reduziria em mais de 50% as suas misérias físicas. A humanidade de hoje costuma ingerir duas espécies de venenos: uns chamam-se alimentos, outros chamam-se medicamentos. Se o homem ingerisse alimentos inteiramente sadios, não teria necessidade de medicamentos. Saúde é harmonia com as leis da natureza, doença é desarmonia. As doenças não fazem parte do inventário das matérias ou forças da natureza. Deus não creou doenças. As moléstias correm por conta do abuso que o organismo faz das leis da natureza. Abuso é moléstia, uso é saúde.

Muitos homens se dizem infelizes porque não têm saúde. Ainda que doença não seja, de *per si*, idêntica à infelicidade — porque é apenas sofrimento físico-mental — contudo, a moléstia predispõe para a infelicidade, sobretudo em se tratando de pessoas de pouca espiritualidade.

É costume quase geral atribuir à vontade de Deus as doenças, os acidentes e a morte prematura de entes queridos. Os nossos hospitais e hospícios são cenários onde Deus é constantemente difamado e caluniado. Jesus, o maior embaixador de Deus no mundo, não era desse parecer. Nenhuma desarmonia espiritual (pecado), mental (ignorância) e física (moléstia) é creação de Deus. Todas essas misérias correm por conta do abuso da liberdade de seres parcialmente conscientes e livres.

— Paciência! Deus quis que meu filho morresse de um acidente.

— Paciência! Foi a vontade de Deus que meu amigo caísse vítima de câncer!

— Paciência! Fulano caiu de um andaime e quebrou a cabeça — foi a vontade de Deus!

— Deus mandou lepra a fulano, cegueira a sicrano, surdez a beltrano...

— Os sofrimentos são provas do amor de Deus!

Com essas e outras frases rotineiras, debitamos a Deus a nossa ignorância e creditamos a nós a nossa suposta sapiência.

Se as doenças fossem provas do amor de Deus para com os homens, por que não cumulou o Pai celeste de todas as doenças a Jesus, no qual havia "posto as suas complacências"? Na realidade, não mandou uma só doença a seu filho dileto; os únicos sofrimentos que lhe couberam tiveram por autores os pecadores, e não Deus.

E se o Pai celeste mandou a lepra como penhor da sua benevolência aos leprosos, como é que Jesus ousa abolir esse privilégio divino curando a lepra, afirmando que veio para cumprir a vontade do Pai dos céus? E a cegueira, a surdez, a mudez, a paralisia, a morte prematura da filha de Jairo, do jovem de Naim e de Lázaro, se eram dádivas divinas, como é que Jesus se atreveu a cancelar todas essas provas do amor de Deus para com os homens? De duas uma: ou Jesus foi o maior rebelde contra a vontade de Deus — ou certa teologia está errada em afirmar que as moléstias são dons de Deus e provas da sua bondade para conosco. O Evangelho afirma que Jesus veio "destruir as obras de Satanás", e nessas estão incluídas também as moléstias que aboliu. Com referência àquela mulher que sofria de uma deformidade na espinha dorsal, andando encurvada havia dezoito anos, diz o texto sacro que "Satanás a mantinha presa" a essa moléstia. Deus ou Satanás?

A ignorância das leis da natureza, a não-observância da harmonia entre o indivíduo e o Universal — eis a causa principal dos nossos sofrimentos, nossos e da humanidade organicamente relacionada conosco.

* * *

A nossa inteligência se emancipou em parte do instinto dos seres infra-humanos, no qual há um acerto quase automático em matéria de alimentação; mas a nossa inteligência não atingiu ainda as alturas da razão espiritual, onde reina a infalibilidade intuitiva nesse particular — e por isso, no plano do intelecto, emancipados do acerto automático do instinto e ainda não possuidores da intuição racional, erramos freqüentemente quanto à escolha e ingestão de alimentos. Milhares e milhões de seres humanos não se alimentam do que convém ao organismo total, mas obedecem ao gosto momentâneo do paladar individual, mesmo que essa luxúria oral redunde em detrimento de todo o organismo. A inteligência é unilateral e, não raro, sacrifica o bem do todo pelo interesse de uma parte.

O intelecto unilateral aliado aos sentidos guia-se pela norma: comer o que é gostoso, seja saudável ou não!

O homem ascético procura comer o que é saudável, mesmo que não seja gostoso.

O homem racional nutre-se de alimentos ao mesmo tempo saudáveis e saborosos.

Mas a grande parte da humanidade está no terreno físico-mental, preferindo o saboroso ao saudável; ou está no terreno ascético, preferindo o sadio ao saboroso.

Quando a humanidade atingir a sua evolução racional, nutrir-se-á de alimentos não menos saudáveis que gostosos.

O nosso corpo é o resultado dos alimentos que assimila. Se esses alimentos forem inteiramente saudáveis e substanciosos, não produzem doenças, nem haverá necessidade de remédios de espécie alguma.

Alimentos saudáveis são todos aqueles que se harmonizam com a constituição do nosso organismo. Qualquer alimento desnatural é nocivo. Verdade é que o organismo procura também assimilar, com algum esforço, alimentos desnaturais, e muitas vezes o consegue, pelo menos parcialmente. Mas, nesse caso, os elementos desnaturais são eliminados ou neutralizados.

Quando, porém, esses elementos desnaturais são em excessiva quantidade e freqüência, os órgãos neutralizantes ou eliminatórios não conseguem vencer o trabalho — e vai o excesso do veneno para o sangue, preludiando moléstias internas ou externas. Um organismo robusto pode resistir a meio século de venenos acumulados, mas, quando a resistência diminui, com a aproximação da velhice, começa a funesta reação.

Melhor seria prevenir do que corrigir!

Alimentos desnaturais ao corpo são, por exemplo: carnes, frituras de qualquer espécie, sal mineral, açúcar branco, pão de farinha de trigo sem casca nem germe, álcool, café, chá, chocolate, etc.

Já estou ouvindo os protestos dos médicos acadêmicos, a maior parte dos quais continua aferrada à idéia obsoleta de que o corpo humano necessita de carne animal para possuir as proteínas indispensáveis à saúde.

Entretanto, contra fato não valem argumentos! Tenho diante de mim exemplos sem conta de pessoas de todas as idades e condições de vida que gozam de perfeita saúde e bem-estar sem comer carne de espécie alguma. De resto, os próprios animais vegetarianos, como o cavalo, a vaca, o elefante, o camelo e outros, sem falar dos símios frugívoros, são prova do que acabo de afirmar. De onde tiram esses vegetarianos as proteínas necessárias ao seu organismo?

Está cientificamente provado, tanto pela forma da dentição como pelas vias digestivas, que o homem não é carnívoro, como cães e gatos, nem propriamente herbívoro, como vacas e cavalos, mas antes frugívoro, como os símios e certos roedores. A principal dieta do homem deve consistir de frutas e sementes de toda a espécie, aos quais poderá ser adicionada certa porcentagem de verduras. A carne adulta não faz parte do cardápio humano, embora certos derivados de origem animal, como ovos e leite, possam ser usados sem prejuízo.

A abstenção da carne animal não é, em primeiro lugar, um postulado de ordem ética, mas sim um imperativo de ordem biológica.

Em São Paulo, conheço um orfanato com quase cinqüenta crianças, no qual, durante os quinze anos da sua existência, não se verificou um só caso de doença, nem sequer uma cárie dentária — e nenhuma dessas crianças sabe o que seja carne. Todas são 100% saudáveis porque vivem inteiramente segundo as leis da natureza, não só no que tange à dieta, como também em todo o resto. Não é preciso dizer que nesse orfanato não entram balas e caramelos para corromper os dentes das crianças.

Todo e qualquer alimento é produto da luz solar. Essa luz ou energia solar, armazenada nos alimentos, chama-se "caloria". Nos vegetais, a energia solar existe em primeira instância, isto é, em estado mais puro. Nos animais herbívoros ou frugívoros ela está em segunda instância; e nos animais carnívoros, em terceira, quarta, quinta, etc. instância: quer dizer, energia solar em estado menos puro.

A ciência provou que todas as coisas são "lucigênitas" (feitas de luz) e podem, por isso, ser "lucificadas" (transformadas em luz). Da mesma forma, todos os alimentos são essencialmente luz, e todos os seres são "lucífagos" ou "lucívoros", porque se alimentam de luz. Tanto mais sadio é um alimento quanto mais perto da sua origem luminosa.

A palavra latina *vegetus* de que derivamos "vegetal" e "vegetário", quer dizer "forte", "sadio".

Outra fonte abundante de doenças e, sobretudo, de gripes e resfriados, são os banhos quentes e os agasalhos excessivos do corpo. O agasalho excessivo enfraquece gradualmente as energias naturais do corpo, que, auxiliado por fora, diminui os seus recursos de resistência de dentro, até ficar exposto a impactos mórbidos. As crianças do referido orfanato tomam ducha fria cada manhã, mesmo quando a temperatura, aqui na Paulicéia, está quase a zero; é o que lhes imuniza o corpo contra qualquer resfriado, que é desconhecido nesse pequeno oásis de saúde no meio dos vastos desertos de moléstias. Passam a maior parte do dia ao ar livre, sem agasalho, com roupas claras, leves e reduzidas.

As nossas doenças são filhas da nossa ignorância e moleza.

Viver de acordo com as sapientíssimas leis da natureza é viver com saúde e felicidade.

Não fales mal de ninguém

Toda pessoa não suficientemente realizada em si mesma tem a instintiva tendência de falar mal dos outros.

Qual a razão última dessa mania de maledicência?

É um complexo de inferioridade unido a um desejo de superioridade.

Diminuir o valor dos outros dá-nos a grata ilusão de aumentarmos o nosso valor próprio. A imensa maioria dos homens não está em condições de medir o seu valor por si; precisa medir o seu valor próprio pelo desvalor dos outros. Esses homens julgam necessário apagar luzes alheias a fim de fazerem brilhar mais intensamente a sua própria luz. São como vaga-lumes, que não podem luzir senão por entre as trevas da noite, porque a luz das suas lanternas fosfóreas é muito fraca.

Quem tem bastante luz própria não precisa apagar ou diminuir as luzes dos outros para poder brilhar.

Quem tem valor real em si mesmo não precisa medir o seu valor pelo desvalor dos outros.

Quem tem vigorosa saúde espiritual não precisa chamar doentes os outros para gozar a consciência da própria saúde.

Toda maledicência é confissão de inferioridade, fraqueza, raquitismo espiritual.

O maledicente sente a sua inferioridade real e tem desejo de uma superioridade que não possui; e em vez de adquirir essa superioridade por esforço próprio, prefere narcotizar-se com uma superioridade fictícia, irreal, diminuindo o valor de seus semelhantes.

No dia e na hora em que o homem consegue a verdadeira superioridade espiritual, desaparece todo e qualquer desejo de maledicência.

O único homem que teria o direito de criticar os outros seria o homem puro e perfeito — mas é precisamente esse que sente menos desejo de criticar os outros.

A verdadeira pureza nunca deixa de ser sincero amor.

A impureza, porém, é extremamente descaridosa.

Se a pessoa descaridosa soubesse que triste publicidade faz da sua impureza, não ousaria abrir a boca!...

* * *

Como conseguir essa genuína superioridade?

A superioridade real está, antes de qualquer coisa, no permanente e sincero desejo de *querer servir* — assim como a inferioridade está na necessidade de *ser servido*. Servir é ativo, ser servido é passivo — o ativo denota força, o passivo revela fraqueza.

O homem profano julga-se superior quando é servido, porque é ignorante e fraco — o homem espiritual sente-se superior quando pode servir, porque é sábio e forte.

Quem tem necessidade de ser servido confessa que é um necessitado, um pobre, um indigente, uma vacuidade.

Quem tem vontade de servir mostra que é forte, rico, sadio, tão pleno que pode dar aos outros da sua plenitude.

Ora, a felicidade está invariavelmente associada a um senso de plenitude, de abundância, de riqueza interior. A felicidade é o exuberante transbordamento de uma grande vitalidade. Por isso, todo homem realmente feliz é necessariamente um homem bondoso e benevolente. Só o homem infeliz tem motivos para ser mau, rancoroso, intolerante.

O egoísta, que sempre quer ser servido, confessa que não tem vida plena, saúde vigorosa, que sofre de inanição e raquitismo espiritual.

As nossas reuniões sociais, os nossos bate-papos — sobretudo no setor feminino — são, em geral, academias de maledicência. Falar das misérias alheias é um prazer tão sutil e sedutor — algo parecido com uísque, gim ou cocaína — que uma pessoa de saúde moral precária facilmente sucumbe a essa epidemia.

E o que há de mais estranho e perverso é que as pessoas maledicentes costumam fazer preceder os seus maldosos mexericos de bondosas referências às vítimas que pretendem devorar com suas críticas. "Sem querer falar mal, mas..." "Fulano é muito boa pessoa, mas..." "Sicrana é muito minha amiga, mas o que é verdade é verdade..."

Quando um caçador de arco está para disparar a flecha mortífera, puxa-a primeiro para bem perto do coração a fim de a soltar depois com maior violência — é o que fazem os difamadores.

Dizem que o vampiro, antes e depois de sugar o sangue da sua vítima, sopra-lhe carinhosamente a pele, talvez para efeitos de anestesia...

Dizem que o crocodilo, ao engolir a sua vítima, chora...

Os vampiros e os crocodilos humanos também são assim. Raras vezes põem prego sem estopa. Raras vezes censuram alguém sem primeiro o elogiar, porque uma censura depois de um elogio é muito mais eficiente do que sem elogio. E ainda por cima cria a ilusão que o difamador seja pessoa caridosa.

Nunca ninguém se arrependeu de ter calado — milhares se arrependeram de ter falado.

O vício da maledicência é fonte abundante de infelicidade, não só pelo fato de criar discórdias sociais, mas também e principalmente porque debilita o organismo espiritual e o predispõe a novas enfermidades.

A consciência tranqüila de uma benevolência sincera, profunda e universal é a mais segura garantia de uma profunda e imperturbável felicidade.

Estabelece e mantém permanente serenidade!

Um dos traços característicos de Jesus é a sua imperturbável serenidade de espírito. Quando gravemente injuriado, ele não se exalta. Quando atraiçoado por Judas, Jesus lhe diz: "Amigo, a que vieste?" Quando esbofeteado perante o tribunal, faz a seu ofensor uma pergunta que revela absoluta calma e serenidade de alma.

Entretanto, só uma pessoa que conhece o seu verdadeiro Eu e sabe que nenhum fator externo a pode fazer feliz nem infeliz, é que tem forças suficientes para guardar esse sereno equilíbrio do espírito.

Além dos meios propriamente espirituais, de que tratamos em outra parte, deve o candidato à felicidade habituar-se a certas práticas e técnicas, como sejam, entre outras, as seguintes:

Nunca te recolhas ao descanso noturno com pensamentos ou sentimentos negativos, amargos, reminiscência de ofensas, rancores, ressentimentos, desânimo, porque essa disposição interna atua, durante o sono, pelo subconsciente, como elemento deletério, nocivo, envenenando as profundezas de teu ser; os teus últimos pensamentos e sentimentos devem ser invariavelmente luminosos, leves, positivos, bons, benévolos e tranqüilos.

A fim de saturar o consciente e subconsciente com fatores

positivos, convém que a pessoa, antes de adormecer, repita, lenta e calmamente, muitas vezes, um ou dois dos pensamentos que figuram no fim deste capítulo, sob o título "Sabedoria dos séculos".

Se acordares durante a noite, repete em silêncio algum desses pensamentos salutares, porque, sobretudo nesse estado, produzem um efeito purificador.

De manhã, ao acordares, quando tua alma está ainda como carta branca e intensamente receptiva, evita pensar em coisas desagradáveis; mantém o teu ambiente interno leve, luminoso e puro, por meio de pensamentos positivos e benévolos.

Durante o dia, vive na presença de Deus como que na luz solar que te circunda, sem que nela penses explicitamente.

Uma vez que vives num clima de benevolência permanente, procura realizar concretamente essa disposição, pelo menos uma vez por dia, auxiliando alguma pessoa que tenha necessidade de ti.

Nos teus trabalhos diários, habitua-te a não visar, em primeiro lugar, a resultados externos e palpáveis, mas sim à perfeição do próprio trabalho realizado com alegria e entusiasmo; porquanto nenhum trabalho vale pelo resultado que produz, mas pela disposição de espontânea alegria e amor com que é feito.

Quando prestares algum serviço a alguém ou deres esmola a um pobre, faze tudo com verdadeira alegria, e não com sacrifício e amargura, pois, como dizem as Escrituras Sagradas: "Deus ama a quem dá com alegria".

Quando estiveres triste não fales a todo mundo dos motivos da tua tristeza; mas desabafa-te com alguém que seja senhor da tristeza; porque, do contrário, aumentarás a tua tristeza pela tristeza do outro.

Habitua-te a ler, cada dia, algumas páginas de um livro bom que te fale à alma, sobretudo do livro divino do Evangelho de Jesus Cristo; não analises intelectualmente o texto, mas repete muitas vezes as passagens mais significativas, saboreando-lhes o conteúdo espiritual.

Sabedoria dos séculos

(Repete muitas vezes um ou outro destes pensamentos.)

1 — Em Deus tudo está, de Deus tudo vem, para Deus tudo vai.

2 — Onde quer que eu esteja, lá Deus está — e que mal me poderia acontecer lá onde Deus está?

3 — No meu íntimo SER, eu sou o que Deus é — por isso, no meu externo AGIR, quero também agir assim como Deus age.

4 — Envolve-me, penetra-me todo a luz branca do Cristo — nenhum mal me pode tocar, todo o bem me deve caber.

5 — Todas as coisas, mesmo as mais pequeninas, são grandes, quando feitas com grandeza de alma.

6 — Livra-me, Senhor, da soberba mesquinhez de querer ser servido — ensina-me a humilde grandeza de querer servir!

7 — Nenhum mal que outros me fazem me faz mal, porque não me faz mau — somente o mal que eu faço aos outros me faz mal, porque me faz mau.

8 — Nunca farei depender a minha felicidade de algo que não dependa de mim.

9 — Sou cidadão do universo: aqui na terra sou apenas imigrante temporário — por isso, quero cumprir com a máxima perfeição e alegria o meu estágio telúrico.

10 — Deus, tu que és Luz, Vida e Amor — manda-me através

de todos os teus mundos como um raio da tua Luz, como um sopro da tua Vida, como um brado do teu Amor!

11 — Não sou melhor porque me louvam, nem sou pior poque me censuram — sou, na verdade, o que sou a teus olhos, Senhor, e à luz da minha consciência.

12 — Ensina-me, Senhor, a sintonizar diariamente a antena de minha alma por tuas ondas, a fim de apanhar no meu receptáculo finito as vibrações da tua vida infinita!

13 — Guia-me, Luz divina, por teus caminhos, para que nenhuma ingratidão me faça ingrato, nenhuma amargura me faça amargo, nenhuma maldade me faça mau — que eu queira antes sofrer todas as injustiças do que cometer uma só.

14 — Atende, Senhor, à minha prece — para que o meu pequeno querer humano seja inteiramente sintonizado com o teu grande querer divino!

15 — Não maldirei as trevas do ódio que me cercam — acenderei no meu interior a luz do amor.

16 — Eu afirmo a soberania da minha substância divina sobre todas as tiranias das circunstâncias humanas.

Não creias numa morte real!

Para milhares de pessoas, é a perspectiva da morte inevitável o principal motivo de infelicidade. E essa infelicidade cresce na razão direta que se aproxima, inexoravelmente, o fim da existência terrestre. Aprenderam, em crianças, que a morte é o fim da vida, e não conseguiram, mais tarde, libertar-se desse erro tradicional. Pelo contrário, o horror à morte foi neles intensificado por certas doutrinas teológicas sobre um estado definitivo *post-mortem.*

Entretanto, todos os homens que, na jornada da sua evolução ascensional, ultrapassaram essa etapa primitiva, sabem que a morte não tem, para a existência total do homem, nenhuma significação decisiva. Todos os grandes gênios espirituais da humanidade falam da morte como de um "sono". "Nosso amigo Lázaro dorme", diz Jesus; a filha de Jairo "dorme". A palavra grega *koimitérion*, de que resultou em latim *coenúterium*, e em português "cemitério", quer dizer "dormitório". Os primeiros discípulos de Jesus, ainda no período de uma luminosa intuição espiritual da realidade, chamavam os cemitérios "dormitórios", porque sabiam que não havia morte definitiva.

A vida continua lá onde parou. Não pode um processo material e meramente negativo, como é a destruição do organismo físico, modificar essencialmente a vida do homem. Não pode a morte negativa fazer o que a vida positiva não faz. A verdadeira mudança depende de algo que o homem *faz* e não de algo que o homem *sofre,* porque nós é que somos os autores do nosso destino.

Quando um ovinho de borboleta "morre" para seu estado primitivo, não morre a vida interna do ovo, morre apenas o invólucro externo dele, a fim de possibilitar à vida latente e pequenina uma expansão maior e mais bela; quer dizer que a morte do ovinho é, na realidade, uma ressurreição, um nascimento para uma vida maior. Morre a pequena vida do ovinho para que possa viver a vida maior da lagarta.

Quando, semanas mais tarde, a lagarta também "morre" e se imobiliza no misterioso ataúde da crisálida ou do casulo, mais uma vez essa pseudomorte preludia uma nova fase de vida, mais ampla e plena que as duas etapas anteriores.

Finalmente, vem a terceira "morte" desse inseto em evolução ascensional, e o ocaso dessa terceira fase da vida é a alvorada da vida mais deslumbrante que vai despontar — a borboleta.

Em cada nova metamorfose, o inseto morre com a mesma tranqüilidade com que nasce e renasce, porque sabe instintivamente que essas vicissitudes de luz e trevas, de movimento e imobilidade, de expansão e contração são necessárias para atingir a meta final de sua evolução. O inseto não é capaz de crear uma falsa teologia ou filosofia sobre si mesmo, e por isso não teme a morte, prelúdio de uma vida nova.

Também o homem "morre" a cada noite, quando se recolhe ao sono — a fim de ressuscitar, no dia seguinte, com vida nova e maiores forças. É uma inconsciência entre duas consciências. Assim como o sono não atinge a vida central do nosso Eu, e sim apenas o invólucro periférico, do mesmo modo a morte não afeta a nossa íntima essência, que dá vida aos invólucros externos.

A alma não é atingida pelo processo da morte.

Essa hora da grande metamorfose está, geralmente, envolta no véu de uma suave semiconsciência crepuscular... Tudo nos parece distante, cada vez mais distante... Tudo vago, longínquo, aéreo... Recuam as paredes do quarto... Perdem-se no espaço os derradeiros sons... Entorpecem as extremidades do corpo... A semiconsciência centraliza-se no coração, no cérebro, últimos redutos da vida material... Por fim, o corpo repousa como um invólucro vazio do inseto deixado pela vida... E, por algum tempo, a alma parece imersa em uma espécie de sono profundo... Desce sobre ela a noite de uma paz imensa, misteriosa, benéfica...

Quanto tempo durará essa noite de semiconsciência? Ninguém o sabe. Para uns é longa, para outros breve. Depende do modo de vida que alguém levou na terra; depende do conteúdo e da qualidade das nossas experiências atuais. Para uma alma firmemente presa ao corpo físico, à matéria dos sentidos e do mundo, essa separação causa um choque violento, uma espécie de hemorragia interna, de maneira que, por muito tempo, ela não consegue recuperar equilíbrio e suficiente consciência para se orientar e saber o que aconteceu e onde está.

Para outras almas, já devidamente habituadas ao desapego voluntário à matéria, é breve esse estado de inconsciência parcial, porque não houve choque violento; como São Paulo, podiam dizer em plena vida terrestre, "eu morro todos os dias, e é por isso que vivo — mas não sou eu que vivo, o Cristo é que vive em mim".

Quando, então, a alma volta a recuperar consciência de si, não sabe ainda que se acha fora do corpo material. O longo hábito de sentir e pensar através da rede dos nervos orgânicos mantém a alma, por algum tempo, na ilusão de sentir e pensar ainda através desses mesmos veículos, já inertes. Mesmo quando contempla o seu corpo imóvel, não se convence, desde logo, de que esse invólucro não seja mais instrumento dela. O homem espiritual, porém, habituado a não se identificar com o seu corpo durante a vida terrestre, rapidamente se habitua ao novo ambiente e sente-se perfeitamente “em casa”. E logo, levada por um impulso interno, essa alma vai em busca de outros seres que tenham afinidade espiritual com ela, porque vê nesses seres seus irmãos, suas irmãs, sua família espiritual. Cessaram os liames do parentesco material; começam a agir as forças da afinidade espiritual; segundo a eterna lei cósmica, “semelhante atrai semelhante”.

E formam-se novos mundos e novas humanidades.

* * *

Quando, pois, vês morrer um dos teus entes queridos, leitor, não te entristeças, não chores desconsolado, não fales em desastre ou catástrofe, não te cubras de luto. Fica em silêncio por algum tempo, abisma-te em ti mesmo, acompanhando com a alma a metamorfose da tua “borboleta”. Lava o rosto, veste-te de festa, põe sobre a mesa da sala um ramalhete de flores rodeado de umas velas acesas, e, se tiveres incenso genuíno, deita-o sobre as brasas e canta em silêncio e serenidade o hino da libertação que a alma de teu ente querido está cantando. O pior que podes fazer é entristecer-te e “fazer cena”, porque essas vibrações de baixa freqüência dificultariam o vôo da tua gloriosa “borboleta”, prendendo-a desnecessariamente ao mundo material da ignorância. Deixa que ela voe livremente rumo ao Infinito, e não sejas tão egoísta e cruel de a quereres reter contigo na jaula que ela abandonou. Onde há verdadeiro amor e profunda afinidade espiritual não há distância nem separação no universo inteiro.

O melhor meio para não ter medo da morte é praticar diariamente a “morte voluntária”, antes que venha a morte compulsória. Essa “morte voluntária”, ou egocídio, chama-se meditação, sobretudo quando ela atinge as alturas do “terceiro céu” ou *samadhi.* Nessa meditação, o homem se desliga da sua ego-consciência e deixa-se invadir pela cosmo-consciência. Embora fisicamente vivo, esse homem morreu praticamente, como dizem os grandes mestres espirituais da humanidade. "Eu morro todos os dias", escreve Paulo de Tarso, "e é por isto que eu vivo; mas não sou eu que vivo, é o Cristo que vive em mim".

O melhor meio para ser realmente feliz e viver gloriosamente é morrer espontaneamente, antes de ser morto compulsoriamente.

Cultiva uma ocupação extraprofissional

Quem conhece a língua inglesa sabe o que quer dizer *hobby*. Nos Estados Unidos é de praxe quase geral que toda pessoa, além dos seus trabalhos profissionais, tenha um *hobby*, isto é, alguma ocupação predileta para as horas vagas e os feriados. Há quem se entusiasme por jardinagem ou pela cultura de determinadas flores, orquídeas, bromélias, etc.; outros são carpinteiros ou apicultores; outros se deleitam com música, pintura, arte fotográfica; outros ainda colecionam, não somente selos postais, mas toda espécie de objetos naturais ou artificiais, desde conchas e caramujos até caixinhas de fósforo e retratos de astros e estrelas de cinema.

Essas pequenas "manias", por mais ingênuas e insignificantes que pareçam em si mesmas, têm uma função importante em nossa vida. Nem sempre os nossos trabalhos profissionais correspondem ao nosso gosto natural; milhares de pessoas exercem uma profissão ou trabalham no seu emprego por dura necessidade, para "ganhar a vida"; têm de sacrificar os melhores gostos da sua vida para poder viver; não têm a escolha de trabalhar no setor da sua predileção; são escravos do seu ganha-pão material. A civilização aboliu a escravatura negra, mas conservou e intensificou a escravatura branca, a escravidão econômica, financeira; milhares de escravos estão presos nas fábricas e nos escritórios da sociedade hodierna.

Ora, é de grande vantagem para a saúde e para o equilíbrio pessoal do homem e da mulher escravizados pela civilização moderna que tenham um derivativo do seu gosto, um setor da sua predileção pessoal, algum trabalho que possam exercer com irrestrita liberdade e espontâneo entusiasmo. Esse gosto íntimo atua como "fio de terra" para preservar de sobrecargas a bateria psíquica do homem; o excesso de voltagem escoa-se imperceptivelmente pelos fios invisíveis desse *hobby*, facultando ao homem a necessária "relaxação" e impedindo funestos "curtos-circuitos" e recalques negativos.

Muitos dos grandes cientistas e artistas da humanidade iniciaram a sua deslumbrante carreira como um simples *hobby*, que, mais tarde, se lhes converteu em profissão fundamental. Tudo o que se faz com amor e entusiasmo tem garantia de sair bem feito. O fim principal dessa ocupação não está em produzir um determinado objeto, mas no aperfeiçoamento do próprio sujeito. Pouco importa o objeto produzido, muito importa a satisfação do produtor. Não é necessário que o trabalho "renda" em forma de matéria morta (dinheiro), o seu maior "rendimento" é em forma de alegria viva.

O fim principal do homem aqui na terra não é realizar coisas fora de si, mas sim se realizar a si mesmo. A auto-realização é mil vezes mais importante que todas as alo-realizações, por menos que a geração atual compreenda tão grande verdade. Todos os objetos externos serão realizados, desde que o sujeito interno se realize a si mesmo. Essa auto-realização, porém, só pode ser feita num ambiente de compreensão, amor e entusiasmo.

Quando o homem começa a realizar-se, torna-se progressivamente mais calmo, mais sereno, mais benévolo, paciente, tolerante, compreensivo, feliz, mais amigo de servir do que de ser servido.

De maneira que o *hobby* não tem apenas uma função extrínseca, pela satisfação momentânea que proporciona, mas também uma finalidade intrínseca, pela maturação da pessoa que o pratica.

Todavia, há certas ocupações extraprofissionais que, embora agradáveis, devem ser abandonadas, em razão de serem contrárias a essa finalidade intrínseca, como a caça e a pesca, colecionar borboletas, engaiolar passarinhos, etc.

Mantém contato com a Natureza

É fato histórico que todos os homens realmente espiritualizados e profundamente felizes eram e são dedicados amigos da Natureza: Jesus Cristo, Francisco de Assis, Mahatma Gandhi, Albert Schweitzer e muitos outros.

Refere o livro do Gênesis que Deus pôs o homem no meio de um jardim maravilhoso, uma espécie de pomar chamado Éden, para que o cultivasse e se alimentasse de seus frutos. Só depois que o homem (Caim) cometeu o primeiro homicídio (matando Abel) é que ele abandonou a Natureza de Deus e preferiu as cidades dos homens. O homem espiritualizado, porém, continua amigo do Éden de Deus.

A maior parte das parábolas de Jesus sobre o reino de Deus é tirada do mundo das plantas, das aves e dos animais.

Vigora misteriosa afinidade entre a felicidade do homem e a paz da natureza. A Natureza é a zona do subconsciente — a felicidade do homem espiritual é o reino do superconsciente.

O homem primitivo, meramente sensorial, é escravo da Natureza.

O homem intelectualizado é escravocrata e explorador da Natureza.

O homem espiritual é amigo e aliado da Natureza; compreende a Natureza, e a Natureza o compreende.

A nossa civilização moderna fez com que o homem se

divorciasse, total ou parcialmente, da Natureza, fazendo-o viver num ambiente artificial, desnatural, antinatural, não menos prejudicial ao corpo do que à alma. Milhares de pessoas abandonam os campos e a vida simples em meio à Natureza, aglomerando-se caoticamente nas grandes cidades, agonizando em bairros e becos imundos, anti-higiênicos, gastando muito e ganhando pouco, explorados pelas empresas, às quais servem como escravos e vítimas; ingerem venenos em forma de alimentos e medicamentos, em desarmonia com o ambiente e consigo mesmos.

A vida do homem é o resultado dos seus pensamentos habituais. Se o homem se habitua a pensar que a vida no campo é insuportável e a da cidade é maravilhosa, a sua vida seguirá necessariamente o curso dos seus pensamentos. Estranha obsessão leva milhares de homens para as cidades, como as mariposas que vão em demanda da luz — até queimarem as asas e morrerem no pó...

O que leva muitos homens a abandonarem os campos e se aglomerarem nas cidades não é só a necessidade de cultura nem mesmo o desejo de lucros fáceis e rápidos, mas sim, e sobretudo, o horror à solidão. A solidão externa aterra o homem que não possui plenitude interna. Esse homem, interiormente vazio, tenta fugir de si mesmo e encher com barulhos externos a sua vacuidade interna. Todo homem que tenha dentro de si um mundo de idéias e ideais gosta de estar a sós consigo e com a silenciosa Natureza. O homem interiormente vazio necessita dos ruídos carnavalescos das ruas e praças públicas, a fim de encher os seus vazios internos.

O pavoroso aumento da criminalidade, sobretudo no setor da delinqüência juvenil, entre catorze e dezoito anos, é resultado dessa fuga da vida simples e sadia dos campos e desse desnatural congestionamento nos grandes centros.

* * *

Quando se fala de "retorno à Natureza", muitos entendem esse retorno apenas no sentido de Rousseau, como refúgio à Natureza externa, física, aos campos, aos bosques, às praias e às montanhas. Mas o verdadeiro retorno é outro. O homem moderno nunca voltará aos tempos do homem pré-histórico, ou dos silvícolas das nossas florestas. A verdadeira natureza do homem é espiritual, divina. O verdadeiro regresso à Natureza é, pois, um "ingresso", uma entrada do homem para o seu próprio interior, espiritual, eterno, divino. O homem primitivo, vivendo em plena natureza material, não é o homem realmente natural; ele é ainda infranatural, assim como o homem moderno é desnatural ou antinatural. Só quando o homem atinge a sua verdadeira natureza espiritual é que ele se torna plenamente natural — e só então começa ele a compreender a alma da Natureza ao redor dele. Os nossos poetas e romancistas, não raro, celebram os encantos da Natureza; mas a maior parte deles só conhece o corpo da Natureza, ignorando-lhe a alma.

Só o homem que encontrou dentro de si a natureza da alma é que pode compreender a alma da Natureza fora de si mesmo.

Para, de fato, compreender a Natureza de Deus deve o homem compreender o Deus da Natureza.

Hoje em dia, milhares de pessoas das grandes cidades passam os domingos e feriados em seus sítios. Infelizmente, muitos desses "sitiantes" são verdadeiros "sitiados", porque vivem em voluntário "estado de sítio". O fato de não terem encontrado a sua natureza interior não os deixa viver na simbiose com a alma da natureza exterior. Fugiram da poluição material da cidade, mas carregam consigo e transferem para o campo e para o mato a sua poluição mental e espiritual. Quem, no sítio, lê jornal, tem rádio e televisão, recebe visitas tagarelas, não é um sitiante, é um sitiado. O verdadeiro sitiante vai dormir cedo e acorda cedo, com o sol ou antes dele. Planta árvores frutíferas para si e sua família e para os passarinhos. Não mata passarinhos nem os aprisiona em gaiolas. Convive com a alma de todos os seres vivos.

Sê senhor dos teus nervos!

O Sr. Haggah Erre publicava uma folha semanal, que veiculava certas idéias. Dentro de menos de dois anos, estava o modesto semanário empenhado em vigorosa polêmica com diversos outros jornais, de idéias diferentes. Foi se acirrando cada vez mais a luta de idéias entre essas publicações.

Certa manhã, o Sr. Jota Esse, diretor-proprietário de um dos semanários adversos, apareceu em carne e osso à entrada da casa do Sr. Haggah Erre para ajustar as contas com ele por causa de uma injúria que julgava ter recebido de seu opositor mental. O recém-chegado estava feito uma pilha de alta-tensão. Desabou terrível tempestade. Durante uns quinze ou vinte minutos, o Sr. Jota Esse disse cobras e lagartos — e coisas até piores — do Sr. Haggah Erre e do seu "infame jornaleco"; ameaçou céus e terra e jurou que ia processar o seu pretenso ofensor. Tão violenta foi a trovoada, tão minazes os relâmpagos que rasgavam a escuridão que teria sido inútil e contraproducente o Sr. Haggah Erre intervir na furiosa tempestade; por isso, fez o melhor que podia fazer — não disse nada!

Finalmente, o Sr. Jota Esse havia esgotado o vasto vocabulário dos seus impropérios, e ficou à espera do revide da parte de seu inimigo.

Este, porém, não revidou. Estudioso dos mistérios da psicologia e dos subterrâneos do coração humano, teve a súbita inspiração de fazer um teste. Esse teste equivaleria à mais terrível "vingança" que ele era capaz de cogitar.

Em que consistia esse teste-vingança?

Garanto que sequer 1% dos meus leitores é capaz de adivinhá-lo.

Quando o Sr. Jota Esse deu por terminada a sua tremenda catilinária de desaforos e esperava uma contra-ofensiva não menos terrível, ou até mais terrível do que a ofensiva, o Sr. Haggah Erre, depois de uma pausa silenciosa, que lembrava a lúgubre calmaria que precede a tempestade, disse a seu colega:

— Escute, Sr. Jota Esse, aquele artigo de fundo do último número de seu jornal, sobre os novos métodos de agricultura racional, é de sua autoria?

— É sim.

— Pois queira aceitar os meus sinceros cumprimentos por esse artigo, excelente no fundo e na forma. O senhor permite que eu o transcreva, com seu nome, no próximo número do meu jornal?

Ninguém pode imaginar o aspecto do Sr. Jota Esse ao ouvir essas palavras da parte do seu inimigo número um, como ele o imaginava. Em vez de uma descompostura, pede-lhe um favor e reconhece nele preclaros dons de inteligência.

O Sr. Jota Esse parecia ter levado uma descarga elétrica... Balbuciou umas coisas inarticuladas e disse, finalmente:

— Sim... sim... o senhor pode... pode transcrever o artigo. Desculpe... Tenho hora marcada... Até logo...

E saiu apressadamente, meio tonto, passando o lenço pela testa. Devia estar suando frio...

O Sr. Haggah Erre seguiu-o com os olhos até vê-lo desaparecer na esquina próxima, sem olhar para trás.

Desde então foi o Sr. Jota Esse o melhor amigo do Sr. Haggah Erre. Jamais aludiu à ocorrência; mas nas colunas do seu jornal aproveitou todas as oportunidades para elevar o Sr. Haggah Erre aos cocorutos da lua...

É estranho! Não há nada que tão radicalmente desarme o

nosso adversário como pedir-lhe um favor ou reconhecer a sua superioridade.

Se dou um empurrão involuntário num vizinho ou lhe piso em um pé, ele me olha furioso, e se me calo, o esbarro parece significar: eu tenho o direito de fazer isso, porque sou superior e tu és inferior! Mas no momento em que profiro a palavrinha mágica "desculpe!", tudo muda; os céus se desanuviam, porque desse momento em diante o objeto do esbarro se sente superior ao seu sujeito, porquanto este, pelo fato de dizer "desculpe", confessa a sua condição de devedor, conferindo ao outro as honras de credor. É que o nosso querido e inveterado egoísmo se compraz deliciosamente na consciência da sua superioridade. E estranhamente! Quase todos os homens preferem ser inferiores no plano moral a sê-lo na zona intelectual; dizer a alguém que é "mau" é ofensa, mas dizer-lhe que é "bobo" é ofensa muito maior.

Pedir desculpas ou pedir um favor a alguém é admitir a própria inferioridade ou condição de devedor, reconhecendo no outro superioridade ou condição de credor.

Fazer bem aos que nos fazem mal não é apenas um preceito ético, é também um postulado profundamente psicológico, porque o positivo neutraliza seguramente o negativo e despoja das armas qualquer adversário armado.

* * *

Entretanto, toda essa estratégia supõe um grande domínio sobre os nervos, um perfeito controle das emoções instintivas.

E esse perfeito controle e domínio nasce do conhecimento experiencial da verdade sobre nosso verdadeiro Eu. Enquanto confundo o meu pequeno ego personal, físico-mental, com o meu grande Eu espiritual, o meu Cristo interno, serei incapaz de manter essa calma e serenidade em face de uma suposta ofensa. Digo "suposta" porque ninguém pode ofender-me realmente, isto é, a "mim", ao meu verdadeiro "Eu", uma vez que este se acha para além do alcance de qualquer agressão, ofensa ou vulneração de fora; só pode ser ofendido e vulnerado de dentro, por mim mesmo, e só por mim. O mal que os outros me fazem ou parecem fazer não me faz mal, porque não me faz mau; somente o mal que eu faço ou pretendo fazer aos outros é que me faz mal, porque me faz mau; e antes de fazer ou parecer fazer mal aos outros, já fez um mal real a mim mesmo. "O que entra pela boca não torna o homem impuro, mas sim o que sai da boca" (Jesus). O mal que eu sofro como objeto não me atinge na íntima essência do meu ser; mas o mal que eu faço como sujeito, este sim me atinge e vulnera, porque é produto meu.

Ninguém pode ofender o *Eu*, mas tão-somente o que é meu. Quando Gandhi, ao final de sua vida repleta de injustiças cometidas contra ele, foi interrogado sobre se havia perdoado a todos os seus inimigos, respondeu calmamente: "Não, porque nunca ninguém me ofendeu." Como iniciado na suprema verdade sobre si mesmo, sabia o Mahatma que nenhuma das numerosas ofensas recebidas tinha atingido o seu verdadeiro Eu, a sua alma, o seu Cristo interno.

"Conhecereis a verdade e a verdade vos libertará" (Jesus).

Evita a poluição mental

Milhares de habitantes das nossas grandes cidades abandonam a sua casa aos sábados ou em feriados, fugindo da poluição urbana e procurando o sossego da natureza.

Infelizmente, os que demandam as praias apenas trocam uma poluição por outra poluição. E mesmo os que procuram o campo e as montanhas — será que abandonam, de fato, o ambiente poluído? O ambiente material, sim — e o ambiente mental e emocional?... Não levam consigo os seus problemas psíquicos e domésticos? E muitos levam para a pureza dos campos e das mentes os veículos da impureza, como jornais e revistas, aparelhos de rádio e televisão... E em vez de se desintoxicar na natureza de Deus, voltam para a sociedade humana tão intoxicados como sempre.

A pior das poluições não vem de fora, mas de dentro de nós mesmos — e quem consegue despoluir-se dos seus pensamentos e das suas emoções egocêntricas?

Não bastam alguns feriados, sobretudo quando os fugitivos da cidade transferem para a natureza farta porcentagem das toxinas interiores.

A verdadeira despoluição é uma arte tão séria, que não a consegue aquele que nunca se habituou a um autocontrole corporal e mental.

Muitos acham que um homem "moderno" deve acompanhar todas as idolatrias da sociedade, e quem não é adorador dos ídolos da moda é um homem antiquado, um boboca obsoleto. Somente o que age segundo os padrões que estão na moda de seu tempo parece ser um homem civilizado e feliz. Para muitos o homem deve ser coisificado e pensar sempre pela cabeça dos outros ou pelo jornal do dia. A humanidade-massa virou robô e computador — somente uma pequena elite ainda se interessa por um ideal de genuína cultura humana. A heteronomia da opinião alheia derrotou a autonomia da consciência própria. Hoje em dia, exige uma coragem heróica ser o homem ele mesmo, sem se deixar adulterar e coisificar por opiniões alheias. Pelo menos 90% pensam pela cabeça dos outros, pelas colunas do jornal, pela tela do cinema, pelos programas de rádio-televisão. O homem desumaniza-se cada vez mais, mecaniza-se e tecnifica-se progressivamente. Poucos conseguem manter a fidelidade a si mesmo.

A inteligência avançou com passos de gigante, produzindo maravilhas de ciência e técnica — mas a consciência rasteja a passo de tartaruga...

Por quê?

O motivo é óbvio: o progresso da inteligência não exige sacrifício, mas favorece o orgulho e a vaidade humana — ao passo que o menor progresso da consciência exige grandes sacrifícios e renúncias. Mas um passo no plano da consciência vale mais do que cem passos no campo da ciência. Pela ciência, diz Einstein, o homem descobre os fatos da natureza — mas pela consciência ele crea valores dentro de si mesmo.

As religiões prometem o céu aos homens de consciência, e não da ciência; ser erudito é fácil, ser bom é difícil.

Por isso, o progresso da ciência será sempre mais rápido do que a formação da consciência. O Ter será sempre mais fácil do que o Ser — mas, em compensação, o homem perde todo o seu Ter na hora da morte, e leva consigo para outros mundos o seu Ser. O Ter nos dá gozo, mas somente o Ser nos torna felizes.

Hoje em dia, é fácil gozar, mas é cada vez mais difícil ser

feliz. Outros nos fazem gozar ou sofrer, mas somente nós mesmos nos tornamos felizes.

Evitar a poluição mental e moral é o primeiro imperativo categórico para ser feliz.

Fácil é abusar.

Difícil é recusar.

Dificílimo é usar sem abusar.

Quando o homem faz o que deve, embora não o queira, ele é austeramente feliz — mas, quando o homem faz o que deve e quer o que deve, ele é jubilosamente feliz. Para poder querer o que se deve, é necessário integrar o seu pequeno ego periférico no seu grande Eu central. Quando o Eu cósmico do homem consegue integrar em si o ego pessoal, o homem é realmente feliz.

Quem foge da poluição mental das massas insapientes e segue a elite dos sapientes, não deixará de verificar o que o exímio iniciado da China, Lao-tsé, verificou séculos antes da Era Cristã:

Quem é iluminado por dentro,
Parece escuro aos olhos do mundo.
Quem progride interiormente,
Parece ser um retrógrado.
Quem é auto-realizado,
Parece um homem imprestável.
Quem segue a luz interna,
Parece uma negação para o mundo.
Quem se conserva puro,
Parece bobo e simplório.
Quem é paciente e tolerante,
Parece um sujeito sem caráter.
Quem vive de acordo com o seu Eu espiritual,
Passa por um homem enigmático.

Liberta-te do supérfluo

Mahatma Gandhi escreveu: "O homem que guarda em sua casa alguma coisa de que não necessita e que faz falta a outros, esse é ladrão".

Expresso em termos menos drásticos, podemos dizer que a pessoa que acumula em sua casa coisas supérfluas, nada sabe do espírito de auto-realização.

Jesus disse: "Quem não renunciar a tudo que tem não pode ser meu discípulo".

Todos os grandes Mestres espirituais da humanidade ou renunciaram a tudo ou se contentaram com o menos possível, usufruindo apenas um conforto dignamente humano. Podemos viver sem posses, não podemos viver sem o usufruto das coisas necessárias. Muitos dos grandes Mestres não tiveram posse alguma; ainda em nossos dias, Gandhi, o libertador da Índia, ao morrer não deixou nada senão uns pares de velhas sandálias, uma caneta-tinteiro, uns óculos primitivos, um obsoleto relógio e umas tangas; a própria cabra, de cujo leite se nutria, não era dele, e foi reclamada pelo dono, após o assassinato do *Mahatma* no dia 30 de janeiro de 1948.

Os que não estão em condições para essa renúncia, devem, pelo menos, contentar-se com o conforto necessário, sem se cercar de confortismo supérfluo. O nosso velho e incorrigível ego não conhece a palavra "chega"; para ele, nada é suficiente; quanto mais possui, mais quer possuir; vai do desejo à posse, e da posse a desejos sem-fim, circulando a vida inteira nesse círculo vicioso.

E é precisamente nesse terreno que prospera com abundância a tiririca da insatisfação e infelicidade.

Diógenes, o filósofo da lanterna em pleno meio-dia, resumia a sua filosofia em duas sentenças: "A felicidade consiste em nada possuir que o mundo nos possa tirar, nada desejar que o mundo nos possa dar".

O certo é que tanto mais vulnerável é o homem quanto mais possui. A vulnerabilidade consiste em dois pontos: 1) no desejo insaciável de acumular cada vez mais bens, 2) no medo de perder os bens que possui.

A ciência e a indústria lançam no mercado, a todo momento, novas utilidades, tão sedutoramente apresentadas, que o homem, e sobretudo a mulher, dificilmente consegue sair de uma dessas lojas sem comprar algum de que não necessita.

Perguntei a um agente de publicidade comercial qual o segredo do êxito da propaganda; e ele me respondeu: "o segredo consiste em duas palavras apenas: nós fazemos crer à nossa cobaia que *necessita* de alguma coisa que ela apenas *deseja*". E explicou-me: todo homem necessita de água para viver; mas nós, à força de repetições incessantes, lhe fazemos crer que ele tem necessidade de beber a, b, c, etc.; e quando confunde o desejo com a necessidade ele já está 'no papo'".

Esse agente de publicidade também me fez ver que há pouquíssimos homens capazes de pensar com a sua própria cabeça; pensam pela cabeça dos outros, pelas colunas do jornal, pelos programas de rádio e televisão, etc.

Todos os homens se vangloriam de sua autonomia e independência de pensamento, mas é mínimo o número de homens *autopensantes,* e imenso o número de *alo-pensados.*

Uma vez que o nosso ego desconhece a palavra "chega", ele faz da sua casa um caótico bazar de coisas e mais coisas arbitrárias e sem finalidade. Quantas senhoras grã-finas não possuem verdadeiros armazéns de roupas supérfluas?...

A conseqüência desse egoísmo desequilibrado é esta: dois terços da humanidade vivem morrendo de fome — e um terço morre de indigestão.

Joel Goldsmith, no seu maravilhoso livro *A Arte de Curar pelo Espírito*, manda os leitores e leitoras fazerem periodicamente uma vistoria e um expurgo em seu guarda-roupa, desfazendo-se de todos os vestidos e coisas supérfluas, em benefício dos que não têm o necessário.

Quanto mais o egoísta tem, tanto mais deseja ter, confundindo conforto com confortismo; e quando o confortismo crônico acaba em confortite aguda — então o pobre ricaço, de tanto gozar, chega a ponto de não poder gozar mais; estranhamente, o próprio gozo em excesso gera ingozabilidade. Os seus apartamentos e palacetes, na praia e nas montanhas, na Suíça e na Riviera, em Paris e em Nova York, a tal ponto lhe embotaram a faculdade de gozar, que a sua fome de outrora acabou no fastio de hoje, porquanto há o seguinte fenômeno paradoxal: quanto mais alguém goza, tanto mais diminui a sua capacidade de gozar.

A estatística internacional prova que há muito mais suicidas entre os ricos do que entre os pobres. Pode um pobre morrer de fome — mas o rico se mata de fastio; pois, se não há mais nada de novo para gozar, por que ainda continuar a viver?

Se queres ser feliz, aprende a contentar-te com o necessário, para que o supérfluo não te leve ao fastio e à infelicidade.

Desconfia das coisas fáceis

Explico a alguém que, ao se realizar, deve o homem, antes de tudo, encontrar-se no seu centro real, esquecendo-se temporariamente de suas periferias. E logo ouço dizer: "Mas isso é muito difícil."

Graças a Deus que é difícil. O que é difícil é valioso, o que é fácil é sem valor.

O que é fácil é para os covardes.

O que é difícil é para os heróis...

Mas o grosso da humanidade segue a lei do menor esforço, deixa tudo como está para ver como fica.

E fica tudo mesmo como está — estagnando, até regredindo.

O livro *A Gnose de Princeton*, em que alguns cientistas de experiências atômicas vão à busca de uma religião racional sem crenças nem credos dogmáticos, diz, com referência ao homem: "Sem resistência não há evolução". Onde não há dificuldade, luta, impedimentos a vencer, não há progresso humano. É cômodo ficar inerte na horizontal; mais cômodo ainda é deixar-se rolar para baixo, consoante as leis automáticas. Parar é estagnação; descer, involução; subir é evolução.

As leis que devem reger a vida humana não são estagnação nem involução, mas evolução, isto é, subida a níveis de consciência e de vivência cada vez mais elevados. É o que hoje em dia se chama autoconhecimento e auto-realização, que são as chaves da verdadeira felicidade.

Deus creou o homem o menos possível, disse um pensador moderno, para que o homem se possa crear o mais possível.

É um equívoco tradicional que o primeiro homem tenha sido creado em estado de homem perfeito; ele foi creado em estado primitivo, mas dotado da capacidade de ele mesmo se aperfeiçoar cada vez mais. Esse progressivo aperfeiçoamento é realizado pelo esforço consciente e pela superação de obstáculos. O homem é, aqui na terra, a única creatura creadora, auto-realizável, ao passo que os outros seres são apenas creaturas creadas, alo-realizadas. Deus não creou o homem em estado perfeito, porque quer que o homem se faça por seu próprio livre-arbítrio, realizador da sua perfeição e felicidade.

Essa creatividade do homem é o seu privilégio mas também o seu perigo. Se ele se deixar derrotar pelas dificuldades, torna-se pior do que foi feito; se superar as dificuldades, torna-se melhor — e ser melhor é ser mais feliz.

Por isso, quando o homem evita o que é fácil, ele mesmo promove o seu aperfeiçoamento e sua felicidade. No momento, esse esforço de superação parece ser uma desvantagem; mas pouco a pouco o homem verifica que é uma vantagem, porque não deixa o homem no plano em que está, ou abaixo dele, e isso aumenta a facilidade de ele superar obstáculos futuros — aproximando-se cada vez mais da sua própria felicidade.

A parábola dos talentos, do Evangelho, é uma ilustração clássica dessas duas atitudes que o homem pode assumir em face das dificuldades: os dois primeiros servos duplicaram os talentos recebidos; o que recebera cinco entregou dez; o que recebera dois entregou quatro talentos. E ambos foram chamados "servos bons e fiéis". O terceiro servo, porém, que recebera um talento nada fez e devolveu o que recebera — e ouviu do seu senhor a condenação: "Servo mau e preguiçoso". E pior de tudo, perdeu o único talento que recebera e não fizera frutificar, segundo a imutável lei cósmica: "Quem não tem perderá até aquilo que tem". Quem não atualiza, pela creatividade do livre-arbítrio, as suas potencialidades, esse perderá até essas potencialidades. As leis cósmicas, que são também as leis do homem, não toleram estagnação, porque a inércia ou covardia acaba em involução ou perda.

Superar o que é difícil aumenta as potencialidades e facilita futuras vitórias, ao passo que a fuga às dificuldades diminui a força e prepara derrotas futuras.

Quem foge do que é difícil parece fazer bem a si mesmo, quando na realidade faz mal a si, porque se enfraquece.

Pode ser que o homem, apesar de todo o esforço, não consiga superar a dificuldade — mas mesmo assim é vitorioso, pois, pela luta contra a adversidade, fortaleceu-se para vitórias futuras. O principal não é vencer; o principal é fortalecer-se pela luta e resistência, porque esse homem se faz maior e melhor pela luta.

O velho ditado "deixa como está para ver como fica" pode ser um lema para covardes, mas não para heróis.

Por isso, desconfia sempre das coisas fáceis e tem confiança nas coisas difíceis.

Conhece os milionários da felicidade

No meio das trevas da infelicidade aguda e das penumbras do descontentamento crônico, convém que o homem levante os olhos para as luminosas alturas de algum dos grandes milionários da felicidade.

Tem havido, e há, na história da humanidade, muitos homens felizes, homens que tiveram o bom senso de construir a sua felicidade de dentro, e não a esperavam de fora, das circunstâncias fortuitas do ambiente. Verdade é que a autêntica felicidade é silenciosa como a luz, ao passo que a infelicidade costuma ser barulhenta; e por isso sabemos de tantos infelizes e pouco dos homens felizes. De vez em quando, porém, a silenciosa felicidade dos felizes se irradia pelo ambiente de tal modo que até os infelizes percebem algo dessa luminosidade. E, via de regra, os homens felizes são encontrados lá onde os profanos não os esperavam encontrar — no meio dos sofrimentos...

Jó, Moisés, Buda, Francisco de Assis, Jesus, Paulo de Tarso e tantos outros encheram séculos e milênios com a exuberância de sua felicidade — sua felicidade sofrida.

Em nossos dias, houve dois homens eminentemente felizes: Mahatma Gandhi e Albert Schweitzer, o primeiro assassinado, na Ásia; o segundo viveu mais de meio século nas selvas da

África a fim de repartir com seus irmãos negros o grande tesouro de sua felicidade.

Naturalmente, quem confunde felicidade com prazer, e infelicidade com sofrimento, jamais compreenderá que homens dessa natureza possam ser milionários da felicidade. No entanto, eles o foram. E nenhum deles jamais se arrependeu do preço pelo qual adquiriu essa felicidade: a renúncia voluntária.

Existe uma renúncia negativa e destruidora — mas existe também uma renúncia positiva e construtora. Pode-se desertar de tudo por excessiva infelicidade, destruindo a própria vida do corpo — e pode-se abandonar tudo por excesso de felicidade, até a vida física. Quem encontrou o seu verdadeiro Eu, assume atitude benévola diante do que é seu.

Há homens escravizadamente escravos.

Há homens livremente livres.

E há homens livremente escravos, homens tão soberanamente livres de todas as escravidões internas que podem voluntariamente se reduzir a uma escravidão externa, por amor a um ideal ou à humanidade.

Esses homens livremente escravizados por amor são os grandes milionários da felicidade.

Albert Schweitzer, quando estudante universitário de 21 anos, sentiu dentro de si tamanha abundância de felicidade que resolveu consagrar o resto de sua vida ao serviço imediato à porção mais infeliz da humanidade, e isso ele fez durante cinqüenta e dois anos até a idade de 90 anos, alquebrado de corpo, porém jovem de alma.

Mahatma Gandhi, aos 37 anos, adotou a humanidade inteira como sua família, gesto esse que foi acompanhado espontaneamente por sua esposa, não menos abnegada e feliz que o grande líder espiritual e político da Índia; e após serem pais de quatro filhos físicos, tornaram-se pais de milhões de filhos metafísicos. Os bens materiais que Gandhi deixou após a morte foram três: uma caneta-tinteiro, um relógio barato e uma tanga. O "homem feliz" da fábula não necessitava nem de uma camisa para ser feliz, porquanto a necessidade dos bens externos decresce na razão direta do aumento do bem interno.

Quando Jesus morreu na cruz, não possuía mais nada; até as suas últimas vestimentas já haviam sido distribuídas pelos soldados que o vigiavam. Restavam-lhe, é verdade, seus dois tesouros vivos: a mãe e o discípulo predileto, João; mas até deles se desfez antes de dar o derradeiro suspiro: "Senhora, eis aí teu filho! discípulo, eis aí tua mãe!" Durante a sua vida, como ele dizia, era mais pobre que as raposas da terra e as aves do céu, não porque não pudesse ter bens externos, mas porque deles não necessitava, uma vez que possuía a plenitude do bem interno, a felicidade.

Na véspera da sua morte voluntária, disse ele a seus discípulos: "Eu vos dou a paz, eu vos deixo a minha paz, para que minha alegria esteja em vós, seja perfeita a vossa felicidade, e nunca ninguém tire de vós a vossa felicidade".

Assim fala um milionário de felicidade.

"Transbordo de júbilo no meio de todas as minhas tribulações!" exclama Paulo de Tarso, um dos maiores sofredores da humanidade e que conheceu poucos dias de saúde em sua vida.

Em última análise, quem nos redime da nossa infelicidade e nos introduz no reino da felicidade imperturbável é o nosso Cristo interno, o espírito de Deus que habita em nós. O grande segredo está em despertar em nós o nosso Cristo e entregar-lhe as rédeas da nossa vida. O resto vem por si mesmo.

Mas isso não é virtude — isso é sabedoria, é o conhecimento da última e suprema verdade dentro de nós mesmos O homem é senhor e soberano de tudo que sabe — mas escravo de tudo que ignora. O saber espiritual nos liberta d infelicidade e nos dá felicidade — a ignorância espiritual no escraviza e nos torna infelizes

Textos Complementares

Informações e explicações do editor

O filósofo e educador brasileiro, professor Huberto Rohden, foi um autor extremamente produtivo. Escreveu cerca de cem livros — sobre filosofia, religião, ciências e biografias. Hoje, quase todos os seus livros já ultrapassaram a 10ª edição. As novas gerações o lêem com grande interesse, e várias de suas obras são adotadas em instituições educacionais.

Antes de falecer, em 1981, Rohden fez uma revisão de toda sua obra, reduzindo-a para 65 títulos, todos no catálogo desta Editora.

Rohden foi um educador conscientemente voltado para o autoconhecimento e a auto-realização do ser humano.

O Caminho da Felicidade — Um Curso de Filosofia da Vida *é uma de suas obras mais lidas. A presente tiragem corresponde à 21ª edição. A obra foi elaborada por ocasião de sua volta ao Brasil, após ter lecionado por mais de cinco anos na cátedra de Filosofia Universal e Religiões Comparadas na famosa American University, de Washington, D.C., Estados Unidos, na década de 1950.*

Conforme conta nas "orelhas" do livro, a obra constituía seu primeiro trabalho educacional para adultos, realizado ao voltar ao Brasil de um Curso Prático de Filosofia de Vida, durante muito tempo ministrado por correspondência pelo autor. Mais tarde o material foi transformado em livro.

A obra básica é constituída de 24 capítulos, todos enfocando esse grande anseio da condição humana — o estado da felicidade. Aliás, o autor declara na introdução da obra: "O problema da felicidade é o problema central e máximo da humanidade".

Esta nova edição — a 21ª — foi acrescida de alguns textos filosoficamente compatíveis com o assunto abordado, extraídos de outros livros de Rohden.

Até mesmo reproduzimos como capítulo final do livro o importante texto-mensagem intitulado "Cosmo-Meditação", extraído do cassete que o autor usava nos seus cursos de auto-realização, ministrados em São Paulo.

Acreditamos que este material complementar enriqueça o livro, dando ao nosso leitor preciosas informações práticas sobre a busca espiritual e, conseqüentemente, sobre a felicidade.

Na condição de divulgador da obra literária do professor Huberto Rohden, sentimo-nos editorialmente realizados em poder oferecer ao nosso leitor este trabalho pedagógico do filósofo e educador brasileiro.

A felicidade não me acontece

Tudo me pode acontecer, menos a felicidade e a infelicidade. A felicidade e seu contrário não são produtos de circunstâncias externas, mas sim creação do meu ser interno; nascem das profundezas do meu centro cósmico divino, eterno. Queixar-se de injustiças alheias é pura cegueira e ignorância; porquanto ninguém me pode fazer mal, a não ser eu mesmo, pelo abuso do meu livre-arbítrio. O meu livre-arbítrio é a chave para o céu e para o inferno, para o ser-feliz e para o ser-infeliz — é a onipotência divina em mim.

Eu habito um castelo inexpugnável.

As portas do meu castelo encantado não abrem pelo lado de fora — só abrem pelo lado de dentro. Se eu abrir as portas do meu baluarte e for invadido pelo inimigo — de quem é a culpa?

I am the captain of my soul...

Circunstâncias externas podem, sem dúvida, facilitar ou dificultar o exercício do meu livre-arbítrio — mas nunca o podem forçar nem impedir; em última análise, eu sou o autor da minha vitória ou da minha derrota. O meu livre-arbítrio é a onipotência de Deus em mim. Na zona do meu livre-arbítrio cessa a lei férrea da causalidade automática; aí impera a causalidade espontânea da "gloriosa liberdade dos filhos de

Deus". No plano da causalidade, como bem diz a ciência, nada se crea e nada se aniquila, apenas tudo se transforma; mas nas alturas da liberdade algo se crea e algo se aniquila; aí o homem é realmente autor de algo antes inexistente, ou destruidor de algo existente.

Beatitude cósmica

Poucos homens gozam de uma beatitude genuína, pura, universal, uma delícia cósmica, porque não conseguem largar totalmente os estreitos litorais do *apego* e perder-se no vasto oceano de um *desapego* total e incondicional. A sua consciente vontade *doadora* é sempre contagiada pelo inconsciente instinto *recebedor*. Querem ser doadores em 50%, 80%, 90%, mas nunca a 100%; guardam para o seu avaro e perverso ego uma certa porcentagem, mesmo que seja apenas 10% ou 1%; e assim o seu espírito doador não chega a ser total. São *altruístas,* mas não conseguem ser *universalistas.*

E isso por quê?

Não têm ainda a experiência total e absoluta da verdade sobre o seu Eu divino, onipotente, esse Eu que tem tudo e não necessita de nada. O ego, por ser fraco e necessitado, sempre especula por alguma recompensa, precisamente por ser um necessitado, pobre, indiferente. Quem deseja ser recompensado por suas bondades é uni-egoísta-mercenário; quem deseja ser compensado prova que é incompleto; quem deseja ser pensado mostra que está doente, ferido, e necessita de alguém ou de algo que lhe pense as chagas.

Estranhamente, o nosso termo "pensar" se refere tanto a um processo mental como a um processo corporal; tanto o ego mental como também o ego corporal deve ser "pensado", porque nenhum deles representa a saúde perfeita.

Quando o homem consegue despojar-se em 100% de qualquer desejo de receber, mas só pensa em doar e se doar, então adquire saúde perfeita e força integral — e isso é amor genuíno.

Todas as tragédias conjugais nascem desse desamor ou pseudo-amor.

Deus dá tudo e não recebe nada — e todo homem é tanto mais divino quanto mais dá e quanto menos quer receber.

Querer-receber denota doença, fraqueza.

Querer-dar indica saúde e força.

O recebedor é um indigente, um necessitado — o doador é um rico, um milionário.

Entretanto, a Constituição Cósmica do Universo é de tal natureza que o doador total e incondicional é sempre um grande recebedor, queira ou não queira, saiba ou não saiba.

No plano material, dar quer dizer perder — no plano espiritual, dar quer dizer ganhar e possuir mais firmemente aquilo que se dá.

Dar ou doar não se refere, primariamente, ao *objeto* que é dado, mas sim ao *sujeito* que dá; refere-se à disposição interna com que o doador dá o que tem e dá o que é. O doador é a medida da doação. O objeto dado reveste as auras e os fluidos do sujeito doador. Não é muito importante o *que* se dá — importantíssimo é *como* se dá. Um objeto dado de má vontade está impregnado dos fluidos negativos do doador, e só pode causar malefícios ao recebedor.

O objeto dado é algo *quantitativo,* neutro, incolor — mas o sujeito doador é algo *qualitativo*, positivo ou negativo, que dá cor ao objeto incolor. O doador imanta das suas auras positivas ou dos seus fluidos negativos o objeto dado. E se o recebedor desse objeto tiver alegria para essas auras ou esses fluidos, será beneficiado ou maleficiado por esses elementos pessoais de que está impregnado o objeto impessoal.

O objeto doado é valorizado ou desvalorizado pelo sujeito doador.

"Há mais felicidade em dar do que em receber."

"Deus ama a quem dá com alegria."

Aquele vintenzinho da viúva do Evangelho tinha mais qualidade positiva, mais valor qualitativo, do que todo o dinheiro dos outros doadores, cujas doações eram apenas quantitativas, neutras, ou até negativas.

Quem espera receber algo da natureza ou da humanidade é o ego humano, e não o Eu divino, porque este só recebe de Deus, do Infinito, a fim de o distribuir no plano dos Finitos. O homem tem, aqui na terra, a missão de receber do Infinito e distribuir no Infinito. Receber na *vertical*, e distribuir na *horizontal*.

O receber do Infinito e o querer-dar no Finito é a própria natureza do Universo essência-existência. O Infinito, sendo absoluta Plenitude, não pode receber, porque tudo tem e tudo é; mas a sua natureza se revela em um incessante dar, em um fluir rumo aos Finitos. Por isso, todo homem, quanto mais próximo está do Infinito, mais quer dar, e tanto menos deseja receber. E, segundo a Lei eterna, quanto mais liberalmente o homem dá aos Finitos, tanto mais abundantemente recebe do Infinito.

Deus é 100% doador e 0% recebedor; quanto mais o homem desperta em si a consciência divina — "eu e o Pai somos um" — tanto mais é o doador e tanto menos o recebedor. Onde há abundância e plenitude, aí há irresistível transbordamento do Infinito rumo aos Finitos.

Se o sol não fosse plenitude de luz, não poderia iluminar os espaços cósmicos.

Se o mar não fosse plenitude de águas, não poderia inundar a terra, em forma de chuvas benéficas, distribuindo o seu conteúdo a todas as creaturas.

Quanto maior é o Ser do homem, menor é o seu desejo de *Ter*.

A mania de querer-ter nasce da pobreza do Ser.

Quem é *Alguém* pela plenitude do Ser, de poucos *Algos* necessita para ter o suficiente.

Os que hipertrofiam os *Algos* atrofiam o *Alguém* — e, por fim, o Alguém definha e morre, asfixiado pelos Algos.

Quando o Ser-Alguém sobe ao zênite da sua potência, então o *Ter-Algo* desce ao nadir da sua impotência.

O pouquíssimo que Mahatma Gandhi deixou após a sua morte, prova o muitíssimo que ele era em vida.

Quando Jesus deu o derradeiro suspiro na cruz, não tinha mais nada, sequer as roupas do corpo, que já andavam nas mãos dos soldados romanos e, antes de morrer, desfez-se dos dois tesouros vivos que ainda possuía, sua mãe e seu discípulo amado — "Eis aí teu filho — eis aí tua mãe!"...

E assim, plenamente liberto das coisas do ego humano, podia o seu Eu divino voar livremente ao Infinito — "Pai, em tuas mãos entrego o meu espírito..."

Pode-se dizer, em resumo, que toda a grandeza do homem consiste no grau de desapego voluntário por todas as coisas do ego, pois, segundo uma Lei eterna, *a afluência da plenitude é diretamente proporcional à existência da vacuidade: o grau da presença corresponde ao grau da ausência.*

A vacuidade, a ausência de apego, deve ser produzida pelo livre-arbítrio do homem; a plenitude, a presença da riqueza, é realizada pela Lei Cósmica, pelo Infinito; pela Divindade.

Se o homem conseguisse 100% de desapego voluntário, pelo Ser-Alguém, o Ter-Algo seria tão abundante na humanidade que o reino dos céus seria proclamado sobre a face da terra, aqui e agora.

E a Beatitude Cósmica seria gozada por todos os habitantes do globo.

O sacramento do silêncio

O que eu possa dizer a Deus ou de Deus não é importante — importantíssimo é aquilo que Deus pode dizer a mim. E Deus dirá coisa importante a mim, se eu crear em mim ambiente propício para ouvi-lo.

Mas, para que Deus possa falar, eu devo calar.

Deus não me fala se eu não me calar.

O silêncio do ego provoca o verbo de Deus

A minha ruidosa ignorância afugenta a silenciosa sapiência de Deus.

O meu ruído é estéril, o silêncio de Deus é fecundo.

Quem fala esteriliza a mente.

Quem pensa esteriliza a alma.

Quem não fala nem pensa fertiliza a alma.

Para além de palavras e pensamentos, começa a consciência espiritual.

É necessário primeiro pensar mentalmente e depois conscientizar-se espiritualmente — e jorra para dentro de mim a plenitude da Realidade Divina.

O sacramento do silêncio e da solitude produz a consciência espiritual.

Muitos sabem falar eloqüentemente.

Alguns sabem pensar corretamente.

Poucos sabem silenciar dinamicamente.

Mas... o silêncio é a agonia do ego. E por isso os ególatras têm horror ao silêncio, porque têm horror ao egocídio — prelúdio para a ressurreição do Eu crístico no homem.

Para quem viveu do barulho trinta, cinqüenta, oitenta anos, afoga-se no mar do silêncio. E por isso tenta se agarrar a qualquer tábua de salvação.

O ambiente vital do ego é ruído, seja material, seja mental, seja emocional — o ego não vive sem ruídos e barulhos de toda a espécie. Quando então lhe falta esse indispensável elemento vital, sente-se o ego como que sem ar, sem alimento e, se não consegue adaptar-se ao ambiente do silêncio, acaba morrendo de asfixia ou inanição.

Experiência de Deus — e nada mais!

Nada há no mundo que possa libertar o homem e a humanidade da insegurança do seu destino e dar-lhe uma sólida razão de ser. Nem o mais verdadeiro e mais alto conceito de Deus — oriental ou ocidental, cristão ou pagão, judeu, católico, protestante ou muçulmano —, nada pode libertar o homem da permanente insegurança e incerteza do seu destino, nada, exceto uma coisa só — *a experiência direta de Deus.* Esta, sim, põe termo a todas as incertezas e angústias, a todas as dúvidas e infelicidades. Enquanto não houver no mundo número suficiente de homens que tenham a experiência de Deus, nenhuma mudança ponderável será possível no seio da humanidade.

Faz milhares de anos que há religiões no mundo, centenas e centenas, mas nenhuma religião, antiga ou moderna, conseguiu dar paz e felicidade à humanidade como tal, embora alguns homens individuais tenham alcançado essa felicidade.

A experiência de Deus é um fenômeno essencialmente *individual*, místico, nunca social; não existe nenhuma religião organizada que possa dar ao homem essa experiência. O próprio cristianismo, assim como ficou conhecido no curso da história, não pode dar ao homem essa experiência. O Cristo não fundou o Cristianismo por nós conhecido; não organizou nenhuma Igreja no sentido social — mostrou o caminho individual por onde cada ser humano pode adquirir a experiência íntima de que "eu e o Pai somos um... eu estou no Pai, e o Pai está em mim". *Ekklesía* (em latim, *ecclesia;* em português igreja) é um termo não de massa, mas de elite. A verdadeira *Ekklesía* (de *ek-kaléo*, evocar) consta de pequena escola ou elite dos que foram "evocados", selecionados da grande massa anônima dos profanos; os que foram individualmente evocados ou chamados pela graça para um contato especial com a Divindade; são os "iniciados nos mistérios do reino de Deus".

As religiões sociais, organizadas, são necessárias para reprimir, na medida do possível, o egoísmo humano desencadeado pelo despertar do ego físico-mental-emocional, pela *persona* do ego. Mas o papel da religião social não é dar ao homem a experiência de Deus, que é um fenômeno essencialmente individual, místico, inacessível a qualquer organização.

As religiões organizadas, ético-sociais, têm dado à humanidade muitas coisas boas — moralidade, caridade, assistência social, literatura, música, pintura, arte em geral — mas nenhuma religião deu, nem jamais dará ao homem aquilo de que ele mais necessita, a "única coisa necessária", a experiência de Deus. Quando o homem tem essa experiência, pode dispensar todas as outras coisas como supérfluas ou secundárias; se não tem essa experiência, nenhuma dessas outras coisas resolve o problema central de sua existência.

O problema central da existência humana é *ser feliz*. Mas essa felicidade não deve depender de algo que não dependa dele; não deve ser criada por circunstâncias externas, e sim deve brotar da profundeza interna do próprio homem. Felicidade, ou pseudofelicidade, criada por circunstâncias externas, pode ser também destruída por essas circunstâncias; é precária e incerta, e por isso não é verdadeira e duradoura felicidade.

Ser feliz vem de ser bom.

Mas há dois modos de ser bom: pode o homem ser *sacri-*

ficialmente bom — e pode ser *jubilosamente bom.* Somente esse segundo tipo de ser bom é que resolve, definitivamente, o problema central da felicidade humana. Enquanto o ser bom ainda for difícil, amargo, sacrificial, está o homem a caminho da felicidade, mas ainda não é solidamente feliz. Enquanto o *homem da terra* não fizer a vontade de Deus assim como o fazem os *homens dos céus* — isto é, espontânea e jubilosamente — não está garantida a felicidade do homem.

Mas esse cumprimento da vontade de Deus, assim na terra como nos céus, é impossível ao homem que não tenha experiência íntima e direta de Deus — porque essa experiência de Deus coincide com a experiência do verdadeiro Eu do próprio homem. Se é verdade que esse Eu central do homem é "o espírito de Deus que habita no homem", no dizer de São Paulo, ou "o reino de Deus dentro do homem", então a experiência do nosso divino Eu é a experiência do próprio Deus. O Deus *imanente ao homem* é o Deus *transcendente do Universo.*

O homem que chega a essa experiência vital chegou ao conhecimento da verdade — da verdade libertadora.

E só esse homem é sólida e irrevogavelmente feliz.

Sem essa experiência o homem é infeliz, no meio de todos os seus gozos.

Com essa experiência o homem é feliz, mesmo no meio de sofrimentos.

Felicidade ou infelicidade são estados do Eu central, são algo que o homem é, e não algo que ele apenas *tenha.*

A perfeita harmonia do Eu humano com a Realidade divina é a felicidade.

Somente o homem, individualmente, pode-se fazer feliz ou infeliz.

De onde vêm os bens da vida?
Contato com a fonte

De onde vem a água que sai da minha torneira? Vem do encanamento.

É verdade? Não vem da fonte?

Koestlers, em seu livro *Gandhi e Nehru*, conta do espanto de certos indianos primitivos das montanhas quando, em casa de um missionário norte-americano, viram sair água da parede. Eles, os nativos, só conheciam água que saía da terra, no meio das montanhas ou das florestas. E agora, como é que água podia sair de uma parede seca?

É o caso de todos os profanos inexperientes: enxergam o trecho final do conduto; nada sabem do trecho inicial, de alguma nascente distante, que nunca viram. Os nativos indianos não viam a parte do encanamento dentro da parede da casa, nem viam a parte que, antes de entrar na parede da casa, passava pelo solo, ligando-se à uma fonte, distante talvez cem quilômetros dali.

O homem profano sabe que o pão vem do cereal e de outros produtos da terra; sabe que esse cereal tem de ser plantado num solo fértil. Mas o que ele via para além do cereal e do solo? Será que nesses fatores visíveis e imediatos está a primeira origem do pão?

O homem comum nada enxerga para além do imediatismo

do trecho final dos canais de sua humana previdência; a sua visão é curta, míope; nada percebe da Fonte Primária, da origem longínqua das coisas. Também não sabe que essa Fonte Primária é inesgotável e pode mesmo funcionar sem nenhum canal visível. Uma nascente no meio das montanhas flui há centenas de séculos e milênios, sem nenhum encanamento, este serve apenas para dar determinada direção às águas, mas não lhes dá origem. Canal é continuação, fonte é início.

A Fonte é *creativa* — o canal é apenas *produtivo,* ou *condutivo.*

A descoberta mais estupenda que o homem pode fazer, aqui na terra ou alhures, é a de verificar que os bens da vida diária não vêm do seu trabalho inteligente, embora este geralmente lhes sirva de canal ou condutor. Quando o homem descobre que todos os bens da vida material têm a sua origem primária e fundamental numa Fonte imaterial, não visível, então, de profano, passa ele a ser um iniciado, porque descobriu o "início" de todas as coisas "continuadas". Outrora, essas continuações sucessivas, conhecidas do velho ego, eram para ele o suposto início; o homem-ego, graças à sua miopia, era um "continuísta", e não um "iniciante"; confundia a longa série das continuações derivadas com o único início original; toda a sua erudita ignorância era uma colcha de retalhos feita de farrapos de continuísmo, de fragmentos de canais. Não conhecia "início" nem "iniciativa", só conhecia "continuação" ou "continuativa". O homem-ego tira os seus recursos de cada dia da natureza material ao alcance dos seus sentidos e do seu intelecto, mediante certas manipulações agrícolas e industriais — quando não tira esses recursos das mãos de seus semelhantes, transferindo-os da posse alheia para a posse própria. Em última análise, todo esse processo de transferência de bens, da posse de A para a posse de B ou de C, é uma espécie de latrocínio; mas, como a lei positiva dos homens civilizados, legalizou certos tipos de desapropriação e apropriação e a nossa sociedade considera "legítima propriedade" certos latrocínios praticados em conformidade com a lei esses são considerados" honestos", ao passo que outros latrocínios, não-legalizados, são tachados de "desonestos".

A única forma de apropriação de bens realmente honesta é a sua *creação*, a sua *edução* no seio da Fonte Primária, da alma do Cosmos, das profundezas da Divindade, do Infinito, do Absoluto.

Mas, enquanto o homem não adquirir consciência da onipresença do Infinito em todos os Finitos, não pode ele realizar esse ato creador, esse haurimento imediato dos bens da vida a partir do seio do mundo invisível.

Quem nada sabe da Fonte longínqua tem de recorrer aos canais propínquos.

Saber é poder.

Não-saber é não-poder.

Quem não sabe que o infinito está presente no Finito, não o pode utilizar, eduzindo o visível de dentro do invisível, creando coisas materiais das profundezas da Realidade imaterial.

O saber, a sapiência, a consciência — "o Pai que está em mim" — me diz que a Fonte de todas as coisas está em mim, embora ainda "tesouro oculto"; e quando esse fato objetivo é vivido subjetivamente, em plena consciência, então essa vivência íntima faculta ao homem o poder de tirar do interior dessa Fonte Infinita, desse "Pai em mim", todos os recursos da vida cotidiana.

Enquanto o homem não realizou esse contato consciente com a Fonte Infinita dentro dele, tem ele de tirar as coisas necessárias do mundo exterior, tem de ganhar o seu pão com o suor do seu rosto.

A ignorância produz trabalho forçado, doloroso.

A sapiência convida a um trabalho espontâneo, gozoso.

A ignorância da presença do Infinito em mim diz: Tu deves!

A sapiência dessa presença diz: Eu quero!

"Tu deves" é escravidão — "eu quero" é libertação.

O Cristo nunca foi escravo do trabalho forçado; nunca teve dinheiro nem emprego; nunca adquiriu um lote de terra; nunca construiu uma casa para si; nunca se preocupou com a subsistência material — e, no entanto, nunca foi mendigo nem andou de tanga; no Calvário, os soldados romanos repartem entre si as vestimentas do crucificado e lançam sortes sobre a preciosa túnica inconsútil.

Dom Bosco dava casa e comida a centenas de meninos abandonados mas nunca tratou de ter uma fonte de renda econômica na zona do ego: é que as suas previdências humanas recebiam tudo diretamente da Fonte da Providência divina.

A Instituição Cottolengo, em Turim, é um milagre permanente; alimenta, dia a dia, grande número de necessitados, mas não calcula nem quer saber de onde vêm os recursos de cada dia; todas as suas previdências são eclipsadas pela Providência; dispensa canais humanos, porque recebe da Fonte divina.

Mahatma Gandhi libertou centenas de milhões de hindus, canalizando as águas vivas da Providência divina pelos canais da previdência humana, mas não caiu jamais no erro funesto de querer tirar os recursos de dentro dos canais humanos, dispensando a Fonte divina.

A miopia da inteligência do ego só enxerga previdências humanas.

A largueza da sapiência do Eu sabe da Providência divina e, embora se sirva muitas vezes das previdências humanas, em hipótese alguma considera-as como Fonte Primária e suficiente. No homem sábio, a "inteligência da serpente" está sempre integrada na "simplicidade da pomba".

Essa atitude é conhecida pelo nome de "fé" fórmula vernácula da palavra latina *fides*, que é o radical de "fidelidade".

Fé é, pois, fidelidade, harmonia, sintonização.

Quando o homem sintoniza o seu pequeno ego finito com o seu grande Eu Infinito, então tem fé, *fides*, fidelidade — e então tudo lhe é possível, e nada lhe é impossível, porque então a onipotência da Fonte flui livremente pela potência dos canais; e a vacuidade destes é plenificada pela plenitude daquela.

O mundo inteiro é um sistema genial de matemática de precisão: tudo funciona em virtude de leis imutáveis, rigorosamente exatas e infalíveis.

O homem sapiente conhece intuitivamente essa *matemática cósmica*; esse homem, lá da excelsa atalaia de sua centralidade, tem uma visão cosmorâmica do Universo em derredor; a sua visão *unitária* (Uno) lhe revela com segurança todos os mistérios *diversitários* (Verso). O homem sapiente conhece a lei que rege esse maravilhoso Universo e, como ele atingiu o Uno, sabe de antemão como funcionam os (di) Versos.

O homem sapiente é discípulo do Universo — ele é o autêntico *Universitário.*

Quando ele quer debelar um mal qualquer — pecado ou doença — evoca o centro do Bem — santidade e sanidade — que está no homem e no cosmos. Portanto, o homem e o cosmos são concêntricos, têm o mesmo centro. Por isso, o homem plenamente *homificado* está plenamente *cosmificado.*

Assim consegue o homem sapiente libertação total, mediante o conhecimento intuitivo da Verdade.

* * *

Quando o homem descobre que os bens da vida não nascem dos canais da previdência do ego, mas sim da Fonte da Providência do Eu, do Infinito dentro do homem, então pode ele distribuir liberalmente os bens materiais, porque a Fonte espiritual lhe garante suprimento inesgotável, sem nenhum perigo de empobrecimento. Quanto mais ele distribui tanto mais lhe aflui do ubertoso seio da Riqueza Infinita. O *influxo* vertical garante um *efluxo* horizontal.

Quem puxa um único fio elétrico da usina para sua casa não terá luz, nem calor, nem motor, porque a atividade elétrica exige sempre dois pólos, ida e volta. Quem pretende *receber* algo da usina sem nada dar, nada terá; somente quem recebe para dar é que terá luz, calor e movimento.

O egoísta quer receber para ter.

O asceta não quer receber para não ter.

O sábio quer receber para dar.

Somente esta última atitude *receptiva-dativa* é que está de acordo com a Constituição Cósmica do Universo, que é um contínuo *receber-dar*, um *influxo-efluxo*, uma infinita Plenitude em contínuo transbordamento rumo aos Finitos. Dos canais finitos as águas vivas voltam para a Fonte Infinita.

Se os mares não evaporassem sem cessar as suas águas e as fizessem descer em chuvas sobre a terra, em breve não mais haveria fontes e rios na terra; o contínuo *dar* do oceano possibilita um incessante *receber.*

Quando o homem-Ego dá algo de dentro de seus canais finitos, perde aquilo que dá, e vai se empobrecendo.

Quando o homem-Eu dá algo de dentro da Fonte Infinita, através dos seus canais finitos, não perde aquilo que dá, porque o Infinito não pode perder; pelo contrário, quanto mais o homem-Eu dá tanto mais recebe do Infinito quanto mais dá aos Finitos. O receber é diretamente proporcional ao dar. Recebe em *qualidade*, e dá em *quantidade. Por isso, na zona superior, dar é enriquecer dando aos outros, em quantidade, o homem é enriquecido em qualidade. Dar algo* valoriza o *alguém*; empobrecer externamente, em quantidade, enriquece internamente, em qualidade. *Perder* no Finito é ganhar no Infinito. E por fim, é também ganhar nos Finitos.

O "1", enriquecendo de si os "000" à sua direita — 1000 — não perde nada da qualidade do seu "1" pelo fato de plenificar a vacuidade dos "000"; o "1" pode plenificar milhares e milhões de 0000000000000, e nada perde do seu valor pelo fato de valorizar os desvalores dos zeros.

O Infinito, dando aos Finitos, nada perde da sua Infinitude.

O Infinito no Homem é o Eu.

O único modo de enriquecer realmente é dar liberalmente.

Em resumo e síntese: os bens da vida não vêm dos canais do meu ego — mas sim da Fonte do meu Eu. Descobrir e fazer funcionar essa Fonte é suprema sabedoria, poder e felicidade.

"Há mais felicidade em dar do que em receber."

Como manter a consciência espiritual no mundo material

O maior dos problemas da vida humana não é, propriamente, o contato consciente com o mundo espiritual pela contemplação, da qual falamos. O problema dos problemas está em como manter acesa a consciência espiritual no meio das materialidades do mundo cotidiano.

A meditação não é um fim, mas um meio.

Via de regra, depois de estabelecer o contato consciente com o Eu divino, deve o homem regressar ao plano dos seus afazeres profissionais, trabalhando em qualquer setor honesto da vida humana — a não ser que outra seja a sua missão peculiar.

Esse regresso, porém, é meramente externo, funcional; internamente, experiencialmente, continua o homem a viver no "reino dos céus", na sua consciência crística "eu e o Pai somos um".

Mahatma Gandhi, quando convidado a se isolar em uma caverna para manter sua espiritualidade, respondeu que ele trazia dentro de si essa caverna sagrada. Todo homem deve ter, dentro de si, o seu céu portátil, mesmo em pleno inferno do mundo profano. Sua alma deve ser uma vestal a alimentar o fogo sagrado no altar da Divindade.

Para que o regresso externo ao mundo das coisas profanas

possa ser realizado sem detrimento da sacralidade interior, requer-se que o homem esteja firmemente consolidado na experiência do seu centro divino.

Essa consolidação e solidez consistem na compreensão experiencial da verdade última sobre si mesma, a consciência inabalável de que a última e mais profunda Realidade do homem é Deus, o Infinito, o Eterno.

"Vós sois deuses" — essas palavras do Cristo revelam a última verdade sobre a natureza humana. Quando seus inimigos o acusavam de pretender ser Deus, o Nazareno respondeu, calmamente, não negando que ele era Deus, mas afirmando que também nós, os outros homens, somos Deus. "Deus" quer dizer uma manifestação individual da Divindade Universal. Toda creatura humana é uma manifestação individual, finita, da Divindade Universal, Infinita. Nenhuma creatura é a Divindade, mas toda creatura é Deus, isto é, uma emanação da Divindade, que Jesus chama Deus. O homem é um Deus consciente, reflexo individual da Divindade Oniconsciente.

Infelizmente, uma tradição teológica de quase dois mil anos destruiu, no homem ocidental, a consciência de que "eu e o Pai somos um". Desde pequenos, fomos ensinados, que o homem é mau, pecador, filho do diabo etc. É que os nossos mestres espirituais eram "guias cegos guiando outros cegos". Identificavam o homem com o seu ego negativo e não com o seu Eu positivo; aprenderam no Gênesis que o homem é "pó" — mas não leram no Evangelho que o homem é "luz", "espírito", "Deus" (ótimos discípulos da escola primária de Moisés, nunca se matricularam na Universidade do Cristo. "Por Moisés foi dada a lei; pelo Cristo veio a verdade, veio a graça." *Lei* é escravidão — *verdade* e *graça* são liberdade.)

Lei é ego — *verdade* e *graça* são Eu.

Enquanto o homem conhece apenas a lei escravizante do seu ego, não pode viver livre no meio dos escravos, puro no meio dos impuros, e fará bem em tentar viver puro longe dos impuros, livre longe dos escravos, sacro longe dos profanos. Mas, se algum dia descobrir a verdade libertadora sobre si mesmo; se descobrir o seu Eu divino, ultrapassará todas as leis da escravidão e ingressará na zona da verdade libertadora. E assim, plenamente liberto, poderá viver no meio dos escravos sem perder a sua liberdade. Levará consigo o seu *nirvana* espiritual ao meio de todos os *sansaras* materiais. Se pode ou não pode, isso depende unicamente do nível da sua consciência, do grau de intensidade com que ele experimentou a verdade libertadora sobre si mesmo.

A linguagem de cada dia revela o estado de consciência da maior parte da humanidade. Quando o homem diz "eu estou doente", ou "eu sou inteligente", ou ainda "eu fui ofendido", identifica-se com algo que não *é ele*, mas que apenas *tem*, identifica-se com o seu ego, esquecido do seu Eu, que não pode estar doente, que não é apenas inteligente, que não pode ser ofendido.

Há milhões de anos que a humanidade vive nessa ilusão de se identificar com o seu ego periférico. E cada homem individual vive durante alguns decênios nessa mesma ilusão.

Por isso, é difícil ao homem quebrar os grilhões tradicionais e habituar-se à verdade libertadora segundo o qual ele é, realmente, o seu Eu, a sua alma, o espírito de Deus que nele habita.

É necessário que o homem se liberte dessa hipnose coletiva, que Jesus chama "o dominador deste mundo, que é o poder das trevas, e que tem poder sobre vós".

Para conseguir a conquista desse "tesouro oculto" e realizar a "única coisa necessária" é indispensável que o homem pratique, freqüentemente, o exercício de "dissociação" do seu ego, a fim de poder ouvir a voz do Eu, que só se manifesta em profundo silêncio.

O ego vive no ruído.

O Eu habita no silêncio.

É necessário que o homem reserve, para esse silêncio auscultativo, uma parcela das 24 horas de cada dia. O mundo chamado civilizado costuma assinar ao homem oito horas para o trabalho, oito para o sono e oito para o descanso e para os divertimentos. É evidente que, com semelhante programa, marcaremos passo a vida inteira e não sairemos, jamais, do círculo vicioso tradicional.

Meia hora cedo pela manhã e, possivelmente, meia hora à noite são o tempo necessário para que o principiante adquira um início de experiência espiritual. O melhor período da manhã é entre 4 e 6 horas. É indispensável, ao principiante, que faça esse exercício de interiorização num lugar onde não seja perturbado. Os ruídos da natureza — do mar, dos ventos, dos passarinhos, etc. — não perturbam o silêncio; mas qualquer voz humana causa interferências disturbantes.

É favorável preludiar a meditação com uma música suave e concentrativa.

Quando o meditante entra na zona da contemplação, todas as músicas humanas são dispensáveis; basta-lhe a música cósmica do Universo.

Muito se tem dito e escrito sobre *respiração* e *postura corporal*. Quem folheia certos livros sobre tais assuntos talvez saia totalmente desanimado.

O controle da respiração e a sua rítmica é, certamente, útil, sobretudo para o principiante; ajuda-o a estabelecer pureza e harmonia de vibrações vitais e mentais. Mas esse exercício de *pranayama* deve preceder, e não acompanhar, a meditação. Durante o período de profunda concentração, a respiração se torna inconsciente, diminuindo gradualmente, na razão direta da concentração. No zênite da contemplação, quando o homem entra no "terceiro céu" (êxtase, *samadhi*), a respiração é tão imperceptível que parece não existir mais.

Quanto à postura corporal, há grandes aberrações e arbitrariedades. O oriental está habituado, desde pequeno, a sentar-se sobre as pernas cruzadas (posição de lótus), postura que lhe é natural e indolor. Mas o ocidental adulto raramente alcança essa naturalidade de posição que lhe faça esquecer a presença do seu corpo. E, enquanto a postura lhe causar qualquer incômodo, não deve ser adotada, porque é necessário que, durante a interiorização, o homem ignore inteiramente a realidade do seu ego físico, a fim de se deixar absorver totalmente pelo Eu espiritual.

O meu antigo *guru* oriental não recomendava a seus discípulos ocidentais a postura de lótus. Tanto ele como nós nos sentávamos em cadeiras de espaldar ereto, vertical, assumindo "atitude egípcia", isto é, formando ângulo reto entre o tronco e as pernas, como também na flexão dos joelhos. Somente durante o ritual solene de iniciação individual em *Kriya-Yôga* o guru assumia postura de lótus.

Só mesmo aquele que atingiu o zênite da contemplação espiritual e se habituou a viver nela como em seu ambiente natural é que pode, sem perigo, regressar ao mundo das escravidões sem sucumbir à escravidão antiga. Uma vez que conheceu vitalmente a verdade sobre si mesmo, está a tal ponto liberto de todas as inverdades do ego que pode viver puro no meio dos impuros, livre no meio dos escravos, pois a consciência de ele ser a "luz do mundo" conferiu-lhe definitiva imunidade. A luz é a única realidade incontaminável; pode penetrar todas as impurezas sem se tornar impura.

É essa a meta suprema da meditação e da contemplação.

Cosmo-meditação

A verdadeira meditação, ou cosmo-meditação, é indispensável para a felicidade e plenitude do homem.

A genuína felicidade supõe que o homem conheça a si mesmo, na sua realidade central, e viva de acordo com esse conhecimento.

Autoconhecimento e auto-realização são os dois pólos em torno dos quais gira toda a vida do homem integral ou universico. "Conhecereis a Verdade" — disse o divino Mestre — "e a Verdade vos libertará".

O autoconhecimento, que é a base da auto-realização, não é possível sem uma profunda cosmo-meditação. O próprio Cristo, antes de iniciar a sua vida pública, passou quarenta dias e quarenta noites em cosmo-meditação permanente, no deserto, e, durante os três anos da sua vida pública, referem os Evangelhos, Jesus passava noites inteiras na solidão do deserto ou no cume de um monte, em oração com Deus.

O homem não é o seu corpo, nem a sua mente, nem as suas emoções, que são apenas o seu invólucro, o seu ego periférico. O homem é o seu Espírito, a sua Alma, o seu Eu-central, e para ter disso plena certeza deve ele isolar-se temporariamente de todas as suas periferias ilusórias, para ter consciência direta e imediata da sua realidade central, isto é, meditar ou cosmo-meditar. Quando o homem cosmo-medita, ele deixa de ser ego-pensante e se torna cosmo-pensado. Deixa de ser ego-agente e se torna cosmo-agido. Deixa de ser ego-vivente e se torna cosmo-vivido ou, na linguagem do Cristo: "Não sou eu que faço as obras, é o Pai em mim que faz as obras, de mim mesmo eu nada posso fazer". Ou, na linguagem de Paulo de Tarso: "Eu morro todos os dias, e é por isso que eu vivo, mas já não sou eu que vivo, é o Cristo que vive em mim". "Se o grão de trigo não morrer, fica estéril", diz o Cristo, "mas se morrer, então produzirá muitos frutos". O ego é simbolizado por um grão de trigo ou uma semente qualquer; o Eu é a própria vida do germe, que está na semente. O germe vivo do Eu não pode brotar se a casca do ego não se dissolver. Quem não tem a coragem de morrer voluntariamente antes de ser morto compulsoriamente não pode viver gloriosamente no mundo presente.

É necessário que o homem morra para o seu ego estéril, para que viva o seu Eu fecundo.

Muitos querem saber quando e onde se deve cosmo-meditar. O divino Mestre diz: "Orai sempre, e nunca deixeis de orar". Orar não quer dizer rezar, que é recitar fórmulas. Orar, como a própria palavra diz, é abrir-se rumo ao Infinito, deixar-se invadir pelo Infinito; isso, segundo os mestres, é orar. Essa meditação permanente, essa meditação-atitude, de que fala o Cristo, tem de ser percebida por muitas meditações-ato. A meditação permanente deve começar com meditações intermitentes. A melhor hora para a meditação é sempre pela manhã, antes de iniciar qualquer trabalho. Quem não pode meditar pela manhã, convém que o faça à noite, antes de dormir, mas é preciso ter cuidado, pois quando alguém está muito cansado, depois dos trabalhos diurnos, não consegue fazer verdadeira meditação, já que a meditação é um trabalho muito sério. Acrobacia mental ou cochilo devocional não são meditação ou cosmo-meditação.

Convém que cada um tenha um recinto fechado e silencioso para meditar, e que faça a sua meditação sempre à mesma hora e no mesmo lugar. A experiência mostra que um recinto fechado se transforma, pouco a pouco, num santuário que facilita a meditação e a concentração mental, já que as auras e vibrações desse lugar modificam favoravelmente o próprio ambiente.

Quanto à posição do corpo, observa-se o seguinte: quem não pode sentar-se à maneira dos orientais, em posição de lótus, sobre as pernas dobradas, use uma cadeira de assento firme e espaldar ereto, mantenha o corpo em atitude natural ereta, não cruze as pernas e coloque as mãos no regaço, junto ao corpo, mantendo os olhos semifechados para favorecer a concentração. Uma luz suavemente azulada ou esverdeada ou pelo menos uma penumbra, é muito favorável à concentração.

Antes de iniciar a cosmo-meditação, respire algumas vezes, profunda e vagarosamente, para harmonizar as vibrações dos nervos. Durante a meditação, respire normalmente. A perfeita oxigenação do cérebro é uma condição muito importante e necessária.

Qualquer atenção à atividade corporal dificulta a meditação. Deve-se relaxar todas as tensões corporais e esquecer-se totalmente da presença de seu corpo. Sem o relaxamento físico não pode haver perfeita meditação ou cosmo-meditação.

Antes de meditar, pode-se conscientizar palavras como estas: "Eu e o Pai somos um. O Pai está em mim e eu estou no Pai", ou então: "Eu morro todos os dias e é por isso que eu vivo, mas já não sou eu quem vive, é o Cristo que vive em mim".

Depois de ter feito, muitas vezes, a meditação intermitente, em forma de atos diários, a pessoa verificará que a meditação se transforma, pouco a pouco, em uma meditação permanente, sem ela saber, em uma meditação-atitude, perfeitamente compatível com qualquer trabalho externo, em casa, na escola, no escritório, na fábrica, na loja, em qualquer ambiente.

Essa meditação-atitude, consciente ou inconsciente, não impede, e até favorece enormemente, os trabalhos externos, que ficam como que iluminados e aureolados por um alo de leveza, beleza e felicidade. Então compreenderá o homem o que o divino Mestre quis dizer com as palavras: "Orai sempre e nunca deixeis de orar", isto é, ter sempre a consciência da presença de Deus, mesmo sem pensar nada; ter consciência não é pensamento; consciência é um estado do Eu espiritual, mas não é um processo do ego mental. Quando o homem está em verdadeira consciência espiritual, ele não pensa nada; está com 100% de consciência espiritual e 0% de pensamen-to mental, e então entra em um verdadeiro estado de meditação-atitude, que tem de ser preludiada por muitas meditações em forma de atos conscientes e supraconscientes.

Convém preludiar a cosmo-meditação com alguma música concentrativa.

Nem todas as músicas clássicas dos grandes mestres são concentrativas; há poucas músicas realmente concentrativas, como, por exemplo, o conhecido *Hino a Brahma*, também a *Ave-Maria*, de Schubert, e a melodia mística do *Aonde Fores, Eu Irei*.

Essas músicas e outras podem servir como prelúdio para a cosmo-meditação. Digo prelúdio, mas não acompanhamento para a meditação. Durante a cosmo-meditação deve haver silêncio absoluto, que é a música da Divindade, a música do Infinito. Esse silêncio não deve ser apenas físico, mas deve ser também mental e emocional. O homem não deve fazer nada, não deve pensar em nada, não deve querer nada durante a cosmo-meditação, permanecendo simplesmente na consciência espiritual.

Esse homem vai ser invadido, por assim dizer, pela alma do próprio Universo. Esse Universo não está fora dele; esse Universo, pelo qual ele vai ser invadido, está no seu próprio centro, é a sua consciência central, o seu Eu, a sua alma, o seu espírito. As suas periferias vão ser invadidas pelo seu centro, porque é regra e lei cósmica: onde há uma vacuidade acontece uma plenitude.

Se o homem consegue esvaziar-se completamente de todos os conteúdos do seu ego humano, será infalivelmente invadido pela alma do Universo, que não está fora dele, mas dentro dele mesmo. Essa invasão é automática, mas o esvaziamento do nosso ego é nossa tarefa própria. E aqui está a grande dificuldade. O nosso querido ego não quer ser esvaziado das suas atividades, porque ele nada sabe além disso. Ele se defende contra esse ego-esvaziamento. Mas se alguém consegue esse ego-esvaziamento, será invadido pela alma do próprio Universo; cuidados são necessários, pois para o principiante é difícil esse ego-esvaziamento, sem cair em transe na subconsciência. Se isso te acontecer, nada vai acontecer de grande na meditação, porque no subconsciente não podemos nos realizar a nós mesmos, mas sim só o podemos no supraconsciente. Portanto, quando alguém deixar de pensar e de querer alguma coisa, que não caia na inconsciência ou subconsciência, pois isso nada resolve; é preciso subir à supraconsciência, à cosmo-consciência*.

A cosmo-meditação, quando praticada por muito tempo, resolve todos os problemas da vida humana. É infalível.

O meditante sentirá, pouco a pouco, firmeza e segurança, paz e tranqüilidade, e uma profunda e permanente felicidade. Todos os problemas dolorosos da vida serão resolvidos com o habituar-se a uma profunda e verdadeira cosmo-meditação.

---

* Recomendamos a leitura e o estudo do livro *Cosmoterapia*, de Huberto Rohden.

PERFIL BIOGRÁFICO

Huberto Rohden

Nasceu em Tubarão, Santa Catarina, Brasil. Fez estudos no Rio Grande do Sul. Formou-se em Ciências, Filosofia e Teologia em Universidades da Europa — Innsbruck (Áustria), Valkenburg (Holanda) e Nápoles (Itália).

De regresso ao Brasil, trabalhou como professor, conferencista e escritor. Publicou mais de 65 obras sobre ciência, filosofia e religião, entre as quais várias foram traduzidas em outras línguas, inclusive o Esperanto; algumas existem em Braille, para institutos de cegos.

Rohden não está filiado a nenhuma igreja, seita ou partido político. Fundou e dirigiu o movimento mundial Alvorada, com sede em São Paulo.

De 1945 a 1946 teve uma Bolsa de Estudos para Pesquisas Científicas, na Universidade de Princeton, New Jersey (Estados Unidos), onde conviveu com Albert Einstein e lançou os alicerces para o movimento de âmbito mundial da Filosofia Univérsica, tomando por base do pensamento e da vida humana a constituição do próprio Universo, evidenciando a afinidade entre Matemática, Metafísica e Mística.

Em 1946, Huberto Rohden foi convidado pela American University, de Washington, D.C., para reger as cátedras de Filosofia Universal e de Religiões Comparadas, cargo este que exerceu durante cinco anos.

Durante a Segunda Guerra Mundial foi convidado pelo Bureau of Inter-American Affairs, de Washington, para fazer parte do corpo de tradutores das notícias de guerra, do inglês para o português. Ainda na American University, de Washington, fundou o Brazilian Center, centro cultural brasileiro, com o fim de manter intercâmbio cultural entre o Brasil e os Estados Unidos.

Na capital dos Estados Unidos, Rohden freqüentou, durante três anos, o Golden Lotus Temple, onde foi iniciado em *Kriya Yôga* por Swami Premananda, diretor hindu desse *ashram*.

Ao fim de sua permanência nos Estados Unidos, Huberto Rohden foi convidado para fazer parte do corpo docente da nova International Christian University (ICU) de Metaka, Japão, a fim de reger as cátedras de Filosofia Universal e Religiões Comparadas; mas, por causa da guerra na Coréia, a universidade japonesa não foi inaugurada, e Rohden regressou ao Brasil. Em São Paulo foi nomeado professor de Filosofia na Universidade Mackenzie, cargo do qual não tomou posse.

Em 1952, fundou em São Paulo a Instituição Cultural e Beneficente Alvorada, onde mantinha cursos permanentes em São Paulo, Rio de Janeiro e Goiânia, sobre Filosofia Univérsica e Filosofia do Evangelho, e dirigia Casas de Retiro Espiritual (*ashrams*) em diversos estados do Brasil.

Em 1969, Huberto Rohden empreendeu viagens de estudo e experiência espiritual pela Palestina, Egito, Índia e Nepal, realizando diversas conferências com grupos de iogues na Índia.

Em 1976, Rohden foi chamado a Portugal para fazer conferências sobre autoconhecimento e auto-realização. Em Lisboa fundou um setor do Centro de Auto-Realização Alvorada.

Nos últimos anos, Rohden residia na capital de São Paulo, onde permanecia alguns dias da semana escrevendo e reescrevendo seus livros, nos textos definitivos. Costumava passar três dias da semana no *ashram*, em contato com a natureza, plantando árvores, flores ou trabalhando no seu apiário-modelo.

Quando estava na capital, Rohden freqüentava periodicamente a editora responsável pela publicação de seus livros, dando-lhe orientação cultural e inspiração.

Fundamentalmente, toda a obra educacional e filosófica de Rohden divide-se em grandes segmentos: 1) a sede central da Instituição (Centro de Auto-Realização), em São Paulo, que tem a finalidade de ministrar cursos e horas de meditação; 2) o *ashram*, situado a setenta quilômetros da capital, onde são dados, periodicamente, os Retiros Espirituais, de três dias completos; 3) a Editora Martin Claret, de São Paulo, que difunde, através de livros, a Filosofia Univérsica; 4) um grupo de dedicados e fiéis amigos, alunos e discípulos, que trabalham na consolidação e continuação da sua obra educacional.

À zero hora do dia 8 de outubro de 1981, após longa internação em uma clínica naturista de São Paulo, aos 87 anos, o professor Huberto Rohden partiu deste mundo e do convívio de seus amigos e discípulos. Suas últimas palavras em estado consciente foram: "Eu vim para servir a Humanidade".

Rohden deixa, para as gerações futuras, um legado cultural e um exemplo de fé e trabalho somente comparados aos dos grandes homens do nosso século.

Huberto Rohden é o principal editando da Editora Martin Claret.

Relação de obras do prof. Huberto Rohden

Coleção Filosofia Universal:

O pensamento filosófico da Antiguidade
A filosofia contemporânea
O espírito da filosofia oriental

Coleção Filosofia do Evangelho:

Filosofia cósmica do evangelho
O Sermão da Montanha
Assim dizia o Mestre
O triunfo da vida sobre a morte
O Nosso Mestre

Coleção Filosofia da Vida:

De Alma para Alma
Ídolos ou Ideal?
Escalando o Himalaia
O caminho da felicidade
Deus
Em Espírito e Verdade
Em comunhão com Deus

Cosmorama
Porque sofremos
Lúcifer e Lógos
A grande libertação
Bhagavad Gita (tradução)
Setas para o Infinito
Entre dois mundos
Minhas vivências na Palestina, Egito e Índia
Filosofia da arte
A Arte de Curar pelo Espírito. Autor: Joel Goldsmith (tradução de Huberto Rohden)
Orientando
"Que vos parece do Cristo?"
Educação do homem integral
Dias de grande paz (tradução)
O drama milenar do Cristo e do Anticristo
Luzes e sombras da alvorada
Roteiro cósmico
A metafísica do Cristianismo
A voz do silêncio
Tao Te Ching de Lao-tsé (tradução) — ilustrado
Sabedoria das Parábolas
O 5º Evangelho segundo Tomé (tradução)
A nova humanidade
A mensagem viva do Cristo (Os Quatro Evangelhos — tradução)
Rumo à consciência cósmica
O Homem
Estratégias de Lúcifer
O Homem e o Universo
Imperativos da vida
Profanos e iniciados
Novo Testamento
Lampejos evangélicos
O Cristo cósmico e os essênios
A experiência cósmica

Coleção Mistérios da Natureza:

Maravilhas do Universo
Alegorias
Ísis
Por mundos ignotos

Índice

Textos Complementares

MARTIN CLARET

EDITORA MARTIN CLARET
R. Alegrete, 62 - Bairro Sumaré - São Paulo -SP
Cep: 01254-010 - Tel.: (11) 3672-8144 - Fax.: (11) 3673-7146
www.martinclaret.com.br

Nome ______________________________

Série _____ Grau _____ Professor ______________________

Escola ______________________________

Esclarecimentos:

Este instrumento de trabalho tem por principal objetivo explorar a leitura, trazendo ao leitor a oportunidade de refletir e de confrontar-se com o texto. Ao nos depararmos com uma obra literária, não podemos desconsiderar o universo contextual do autor e o tipo de reprodução que ele realiza. Passado e presente, estilos individuais, de época, conceitos e preconceitos, tudo deve ser confrontado e analisado para entrarmos em contato profundo com uma obra. Por mais que a arte queira sobreviver por si própria, ela se tornará vazia e sem sentido se não trouxer marcas de humanidade.

A Editora Martin Claret tem como lema "pensar é causar", e lhe convida a trilhar os horizontes pedagógicos que aí estão para fazê-lo "ser mais" e "causar" — e isso quer dizer, operar transformações pessoais e sociais.

Sobre o autor e a obra

"Nunca farei depender minha felicidade de algo que não dependa de mim", diz Huberto Rhoden, um dos mais importantes filósofos contemporâneos. Sua obra é voltada para o autoconhecimento e engrandecimento do ser humano para vencer os percalços da caminhada terrena. Um ser em evolução, mesmo que preso à padrões mesquinhos de felicidade, não coloca nas mãos do acaso, do destino ou mesmo do outro, as condições de sua própria felicidade. É necessário autoconhecimento para ser feliz. É necessário o todo, não o fragmento, para atingir-se o estado completo de felicidade. É necessário reconhecer-se parte deste universo divino para que nos sintamos realmente felizes. Esta é mais uma obra deste grande filósofo que a Editora Martin Claret, que acredita que ler é transformar-se, traz até nós leitores. Leia mais, para ser mais.

Reflexão:

1. *"Chegamos, assim, à conclusão de que a felicidade 1) não consiste, precipuamente, em possuir ou não possuir determinadas quantidades de bens externos, embora seja necessária a posse de certo conforto material para podermos prosseguir em nossa evolução superior; 2) que a felicidade não pode ser baseada apenas em uma parte da natureza humana, mas tem de ser construída sobre a natureza humana total; 3) que deve vigorar perfeita ordem e harmonia entre todas as partes componentes da natureza humana; não podemos afirmar um elemento humano em detrimento de outro; não deve haver eliminação nem substituição, mas perfeita integração."*

Diante dos comentários do filósofo, procure identificar o que vem a ser a felicidade para você e quais os passos que estabeleceria para atingi-la.

____

____

2. Ainda sobre o trecho transcrito acima, comente: "*que deve vigorar perfeita ordem e harmonia entre todas as partes componentes* *da natureza humana, não podemos afirmar um elemento em detrimento de outro; não deve haver eliminação nem substituição, mas perfeita integração".*

____

____

3. Qual a importância do autoconhecimento para a conquista da felicidade?

____

____

4. Por que razão, afirma o filósofo, é impossível atingir a felicidade enquanto o "Eu" de cada um de nós estiver ligado a fatores externos e a nosso próprio ego?

____

____

5. O que simboliza, para nossa vida, a parábola do empresário que mostrou a seus funcionários o enorme cartaz branco com um ponto preto?

____

____

6. Argumente o seguinte comentário do filósofo:

"Toda a natureza se baseia no princípio da *bipolaridade complementar:* nada é igual e nada é contrário — tudo é complementar."

____

____

7. "Nunca farei depender a minha felicidade de algo que não dependa de mim." Argumente este pensamento de Huberto Rhoden, procurando associá-lo ao sentimento de frustração que muitas vezes invade as pessoas quando algo não sai exatamente como esperavam.

____

____

8. Relacione as seguintes palavras de Huberto Rohden com o conceito de felicidade: "A parte não se explica pela parte, mas somente pelo Todo."

9. Leia: "Os seres infra-humanos são dotados, por assim dizer, de receptores para ondas longas — digamos, para vibrações meramente materiais, como os minerais, os vegetais, os animais. Mas o homem possui, além disto, um aparelho receptor para captar ondas curtas, ondas espirituais."

De acordo com a afirmação de Rhoden quem seria o "ser infra-humano"?

10. Finalmente, após a leitura desta obra, enumere aqui, quais os verdadeiros caminhos para a tão sonhada felicidade.

Suporte pedagógico editorial:

CRISTINA SPECHOTO: spechoto@martinclaret.com.br

Relação dos Volumes Publicados

1. Dom Casmurro
Machado de Assis
2. O Príncipe
Maquiavel
3. Mensagem
Fernando Pessoa
4. O Lobo do Mar
Jack London
5. A Arte da Prudência
Baltasar Gracián
6. Iracema
José de Alencar
7. Inocência
Visconde de Taunay
8. A Mulher de 30 Anos
Honoré de Balzac
9. A Moreninha
Joaquim Manuel de Macedo
10. A Escrava Isaura
Bernardo Guimarães
11. As Viagens - "Il Milione"
Marco Polo
12. O Retrato de Dorian Gray
Oscar Wilde
13. A Volta ao Mundo em 80 Dias
Júlio Verne
14. A Carne
Júlio Ribeiro
15. Amor de Perdição
Camilo Castelo Branco
16. Sonetos
Luís de Camões
17. O Guarani
José de Alencar
18. Memórias Póstumas de Brás Cubas
Machado de Assis
19. Lira dos Vinte Anos
Álvares de Azevedo
20. Apologia de Sócrates
Platão
21. A Metamorfose/Carta a Meu Pai/Um Artista da Fome
Franz Kafka
22. Assim Falou Zaratustra
Friedrich Nietzsche
23. Triste Fim de Policarpo Quaresma
Lima Barreto
24. A Ilustre Casa de Ramires
Eça de Queirós
25. Memórias de um Sargento de Milícias
Manuel Antônio de Almeida
26. Robinson Crusoé
Daniel Defoe
27. Espumas Flutuantes
Castro Alves
28. O Ateneu
Raul Pompéia
29. O Noviço
Martins Pena
30. A Relíquia
Eça de Queirós
31. O Jogador
Dostoiévski
32. Histórias Extraordinárias
Edgar Allan Poe
33. Os Lusíadas
Luís de Camões
34. As Aventuras de Tom Sawyer
Mark Twain
35. Bola de Sebo e Outros Contos
Guy de Maupassant
36. A República
Platão
37. Elogio da Loucura
Erasmo de Rotterdam
38. Caninos Brancos
Jack London
39. Hamlet
William Shakespeare
40. A Utopia
Thomas More
41. O Processo
Franz Kafka
42. O Médico e o Monstro
Robert Louis Stevenson
43. Ecce Homo
Friedrich Nietzsche
44. O Manifesto Comunista
Marx e Engels
45. Discurso do Método / Regras para a Direção do Espírito
René Descartes
46. Do Contrato Social
Jean-Jacques Rousseau
47. A Luta pelo Direito
Rudolf von Ihering
48. Dos Delitos e das Penas
Cesare Beccaria
49. A Ética Protestante e o Espírito do Capitalismo
Max Weber
50. O Anticristo
Friedrich Nietzsche
51. Os Sofrimentos do Jovem Werther
Goethe
52. As Flores do Mal
Charles Baudelaire
53. Ética a Nicômaco
Aristóteles
54. A Arte da Guerra
Sun Tzu
55. Imitação de Cristo
Tomás de Kempis
56. Cândido ou o Otimismo
Voltaire
57. Rei Lear
William Shakespeare
58. Frankenstein
Mary Shelley
59. Quincas Borba
Machado de Assis
60. Fedro
Platão
61. Política
Aristóteles
62. A Viuvinha / Encarnação
José de Alencar
63. As Regras do Método Sociológico
Émile Durkheim
64. O Cão dos Baskervilles
Sir Arthur Conan Doyle
65. Contos Escolhidos
Machado de Assis
66. Da Morte / Metafísica do Amor / Do Sofrimento do Mundo
Arthur Schopenhauer
67. As Minas do Rei Salomão
Henry Rider Haggard
68. Manuscritos Econômico-Filosóficos
Karl Marx
69. Um Estudo em Vermelho
Sir Arthur Conan Doyle
70. Meditações
Marco Aurélio
71. A Vida das Abelhas
Maurice Materlinck
72. O Cortiço
Aluísio Azevedo
73. Senhora
José de Alencar
74. Brás, Bexiga e Barra Funda / Laranja da China
Antônio de Alcântara Machado
75. Eugênia Grandet
Honoré de Balzac
76. Contos Gauchescos
João Simões Lopes Neto
77. Esaú e Jacó
Machado de Assis
78. O Desespero Humano
Sören Kierkegaard
79. Dos Deveres
Cícero
80. Ciência e Política
Max Weber
81. Satíricon
Petrônio
82. Eu e Outras Poesias
Augusto dos Anjos
83. Farsa de Inês Pereira / Auto da Barca do Inferno / Auto da Alma
Gil Vicente
84. A Desobediência Civil e Outros Escritos
Henry David Toreau
85. Para Além do Bem e do Mal
Friedrich Nietzsche
86. A Ilha do Tesouro
R. Louis Stevenson
87. Marília de Dirceu / Cartas Chilenas
Tomás A. Gonzaga
88. As Aventuras de Pinóquio
Carlo Collodi
89. Segundo Tratado Sobre o Governo
John Locke
90. Amor de Salvação
Camilo Castelo Branco
91. Broquéis/Faróis
Cruz e Souza
92. I-Juca-Pirama / Os Timbiras / Outros Poemas
Gonçalves Dias
93. Romeu e Julieta
William Shakespeare
94. A Capital Federal
Arthur Azevedo
95. Diário de um Sedutor
Sören Kierkegaard
96. Carta de Pero Vaz Caminha a El-Rei Sobre o Achamento do Brasil
97. Casa de Pensão
Aluísio Azevedo
98. Macbeth
William Shakespeare
99. Édipo Rei/Antígona
Sófocles
100. Lucíola
José de Alencar
101. As Aventuras de Sherlock Holmes
Sir Arthur Conan Doyle
102. Bom-Crioulo
Adolfo Caminha
103. Helena
Machado de Assis
104. Poemas Satíricos
Gregório de Matos
105. Escritos Políticos / A Arte da Guerra
Maquiavel

106. Ubirajara
José de Alencar

107. Diva
José de Alencar

108. Eurico, o Presbítero
Alexandre Herculano

109. Contos
Lima Barreto

110. A Luneta Mágica
Joaquim Manuel de Macedo

111. Fundamentação da Metafísica dos Costumes
Immanuel Kant

112. O Príncipe e o Mendigo
Mark Twain

113. O Domínio de Si Mesmo pela Auto-Sugestão Consciente
Émile Coué

114. O Mulato
Aluísio Azevedo

115. Sonetos
Florbela Espanca

116. Uma Estadia no Inferno / Poemas / Carta do Vidente
Arthur Rimbaud

117. Várias Histórias
Machado de Assis

118. Fédon
Platão

119. Poesias
Olavo Bilac

120. A Conduta para a Vida
Ralph Waldo Emerson

121. O Livro Vermelho
Mao Tsé-Tung

122. Oração aos Moços
Rui Barbosa

123. Otelo, o Mouro de Veneza
William Shakespeare

124. Ensaios
Ralph Waldo Emerson

125. De Profundis / Balada do Cárcere de Reading
Oscar Wilde

126. Crítica da Razão Prática
Immanuel Kant

127. A Arte de Amar
Ovídio Naso

128. O Tartufo ou o Impostor
Molière

129. Metamorfoses
Ovídio Naso

130. A Gaia Ciência
Friedrich Nietzsche

131. O Doente Imaginário
Molière

132. Uma Lágrima de Mulher
Aluísio Azevedo

133. O Último Adeus de Sherlock Holmes
Sir Arthur Conan Doyle

134. Canudos - Diário de uma Expedição
Euclides da Cunha

135. A Doutrina de Buda
Siddharta Gautama

136. Tao Te Ching
Lao-Tsé

137. Da Monarquia / Vida Nova
Dante Alighieri

138. A Brasileira de Prazins
Camilo Castelo Branco

139. O Velho da Horta / Quem Tem Farelos?
Gil Vicente

140. O Seminarista
Bernardo Guimarães

141. O Alienista
Machado de Assis

142. Sonetos
Manuel du Bocage

143. O Mandarim
Eça de Queirós

144. Noite na Taverna/Macário
Álvares de Azevedo

145. Viagens na Minha Terra
Almeida Garret

146. Sermões Escolhidos
Padre Antonio Vieira

147. Os Escravos
Castro Alves

148. O Demônio Familiar
José de Alencar

149. A Mandrágora / Belfagor, o Arquidiabo
Maquiavel

150. O Homem
Aluísio Azevedo

151. Arte Poética
Aristóteles

152. A Megera Domada
William Shakespeare

153. Alceste/Electra/Hipólito
Eurípedes

154. O Sermão da Montanha
Huberto Rohden

155. O Cabeleira
Franklin Távora

156. Rubáiyát
Omar Khayyám

157. Luzia-Homem
Domingos Olímpio

158. A Cidade e as Serras
Eça de Queirós

159. A Retirada da Laguna
Visconde de Taunay

160. A Viagem ao Centro da Terra
Júlio Verne

161. Caramuru
Frei Santa Rita Durão

162. Clara dos Anjos
Lima Barreto

163. Memorial de Aires
Machado de Assis

164. Bhagavad Gita
Krishna

165. O Profeta
Khalil Gibran

166. Aforismos
Hipócrates

167. Kama Sutra
Vatsyayana

168. O Livro da Jângal
Rudyard Kipling

169. De Alma para Alma
Huberto Rohden

170. Orações
Cícero

171. Sabedoria das Parábolas
Huberto Rohden

172. Salomé
Oscar Wilde

173. Do Cidadão
Thomas Hobbes

174. Porque Sofremos
Huberto Rohden

175. Einstein: o Enigma do Universo
Huberto Rohden

176. A Mensagem Viva do Cristo
Huberto Rohden

177. Mahatma Gandhi
Huberto Rohden

178. A Cidade do Sol
Tommaso Campanella

179. Setas para o Infinito
Huberto Rohden

180. A Voz do Silêncio
Helena Blavatsky

181. Frei Luís de Sousa
Almeida Garrett

182. Fábulas
Esopo

183. Cântico de Natal/ Os Carrilhões
Charles Dickens

184. Contos
Eça de Queirós

185. O Pai Goriot
Honoré de Balzac

186. Noites Brancas e Outras Histórias
Dostoiévski

187. Minha Formação
Joaquim Nabuco

188. Pragmatismo
William James

189. Discursos Forenses
Enrico Ferri

190. Medéia
Eurípedes

191. Discursos de Acusação
Enrico Ferri

192. A Ideologia Alemã
Marx & Engels

193. Prometeu Acorrentado
Ésquilo

194. Iaiá Garcia
Machado de Assis

195. Discursos no Instituto dos Advogados Brasileiros
Rui Barbosa

196. Édipo em Colono
Sófocles

197. A Arte de Curar pelo Espírito
Joel S. Goldsmith

198. Jesus, o Filho do Homem
Khalil Gibran

199. Discurso sobre a Origem e os Fundamentos da Desigualdade entre os Homens
Jean-Jacques Rousseau

200. Fábulas
La Fontaine

201. O Sonho de uma Noite de Verão
William Shakespeare

202. Maquiavel, o Poder
José Nivaldo Junior

203. Ressurreição
Machado de Assis

204. O Caminho da Felicidade
Huberto Rohden

205. A Velhice do Padre Eterno
Guerra Junqueiro

206. O Sertanejo
José de Alencar

207. Gitañjali
Rabindranath Tagore

208. O Senso Comum e A Crise
Thomas Paine

209. Canaã
Graça Aranha

210. O Caminho Infinito
Joel S. Goldsmith

211. Pensamentos
Epicuro

212. A Letra Escarlate
Nathaniel Hawthorne

213. Autobiografia
Benjamin Franklin

214. Memórias de Sherlock Holmes
Sir Arthur Conan Doyle

215. **O Dever do Advogado / Posse de Direitos Pessoais**
Rui Barbosa

216. **O Tronco do Ipê**
José de Alencar

Série Ouro
(Livros com mais de 400 p.)

1. **Leviatã**
Thomas Hobbes

2. **A Cidade Antiga**
Fustel de Coulanges

3. **Crítica da Razão Pura**
Immanuel Kant

4. **Confissões**
Santo Agostinho

5. **Os Sertões**
Euclides da Cunha

6. **Dicionário Filosófico**
Voltaire

7. **A Divina Comédia**
Dante Alighieri

8. **Ética**
Baruch de Spinoza

9. **Do Espírito das Leis**
Montesquieu

10. **O Primo Basílio**
Eça de Queirós

11. **O Crime do Padre Amaro**
Eça de Queirós

12. **Crime e Castigo**
Dostoiévski

13. **Fausto**
Goethe

14. **O Suicídio**
Émile Durkheim

15. **Odisséia**
Homero

16. **Paraíso Perdido**
John Milton

17. **Drácula**
Bram Stocker

18. **Ilíada**
Homero

19. **As Aventuras de Huckleberry Finn**
Mark Twain

20. **Paulo – O 13º Apóstolo**
Ernest Renan

21. **Eneida**
Virgílio

22. **Pensamentos**
Blaise Pascal

23. **A Origem das Espécies**
Charles Darwin

24. **Vida de Jesus**
Ernest Renan

25. **Moby Dick**
Herman Melville

26. **Os Irmãos Karamazov**
Dostoiévski

27. **O Morro dos Ventos Uivantes**
Emily Brontë

28. **Vinte Mil Léguas Submarinas**
Júlio Verne

29. **Madame Bovary**
Gustave Flaubert

30. **O Vermelho e o Negro**
Stendhal

31. **Os Trabalhadores do Mar**
Victor Hugo

32. **A Vida dos Doze Césares**
Suetônio

33. **Grandes Esperanças**
Charles Dickens

34. **O Idiota**
Dostoiévski

35. **Paulo de Tarso**
Huberto Rohden

36. **O Peregrino**
John Bunyan

37. **As Profecias**
Nostradamus